はじめに

2005 年の秋に初版を刊行してから早くも 17 年が経過しました。本書は多くの介護現場で支持され，また教育現場でも使用され，版を重ねてきました。この間介護保険法の改正や介護を取り巻く環境は大きく変化するとともに社会的な要請にも対応していくことが求められています。「介護記録」についても年々介護が必要な人々の増加に伴い，質の高い介護を効率よく行うためにも今まで以上に重要視されています。

職員の皆さんが日頃どのような素晴らしい介護業務を行っていても，それが正確に記録されていなければ，組織的に継続して適切な対応が行えないばかりでなく介護のあり方に関しても社会的責任が問われることになります。介護記録は職員の皆さんの介護行為の証であり，いざというときに皆さんの大きな力になります。つまり「良い介護は良い記録から生まれる！」と言っても決して過言ではありません。

本書は介護記録を書くために必要な基礎知識と明日からの業務に生かせる情報を誰が読んでもわかるように具体的に掲載しています。第 5 版では記録を書くのが苦手だという方にも「すぐに活用でき，よりわかりやすい介護記録」を目指しました。今回の第 6 版では「介護現場でより役立つ介護記録」に視点を置き，全面的に加筆・修正しています。昨今大きな課題となっている「認知症ケア」の事例や対応のし方なども解説を交えて数多く収載しました。また「業務日誌・ケース記録の書き方」「生活場面別・状況別の記録の書き方」「腫れや傷の表現例」「事故記録・事故報告書の書き方」などについてもわかりやすく解説しています。既存の解説部分も加筆しました。本書を通じて明日の介護を担う読者の皆さまの一助となり，介護現場で活用され，お役に立てることを心から願っています。

2022 年 4 月

富川雅美

目次 Contents

第 1 章　介護記録とは

1 / 記録とは何か（記録することの意味）————————— 2
2 / 記録の目的 ————————————————————— 3

第 2 章　記録のルール

1 / 記録の文体（過去形・敬語・敬称）————————— 8
2 / 日付・時刻の表記 ————————————————— 12
3 / 専門用語による記載 ———————————————— 15
4 / 略語による記載 —————————————————— 16
5 / 記録の訂正 ——————————————————— 18
6 / 記録の追記 ——————————————————— 20
7 / 記録用紙の空欄 ————————————————— 22

第 3 章　記録の書き方の基本と手順

1 / 記録する際のポイント（要点）——————————— 24
2 / 記録の書き方の基本的事項 ———————————— 27
3 / 利用者の訴えに関する記録のしかたについて ———— 35
4 / 利用者が自ら訴えることができない場合の記録のしかたについて — 37
5 / 推測・推察による表現を併せて記録できる場合の書き方について — 40
6 / 印象について記載する場合（良い例・悪い例）———— 42
7 / 「特変なし・異常なし・問題なし」の用語に関する記録 —— 44
8 / 医学的・医療的判断の記録 ———————————— 45
9 / 施設・事業所の姿勢が問われる記録 ———————— 47
10 / 終結の記録の書き方 ——————————————— 48
11 / 心や体の変化に関する記録のための観察ポイント ——— 49
12 / 状態などの観察の記録の書き方（基礎編）————— 50
13 / 状態などの観察の記録の書き方（手順編）————— 51
14 / 状態などの観察の記録の書き方（事例編）————— 58

第 **4** 章　業務日誌・ケース記録の書き方

1 / 業務日誌の書き方（実践編） —————————— 64

　業務日誌 **1** 日勤 ——————————————— 65

　業務日誌 **2** 夜勤 ——————————————— 66

　業務日誌 **3** 日勤 ——————————————— 67

2 / 業務日誌の書き方（事例編） —————————— 69

　事例 **1** 食事（特養・ショートステイ） ——————— 69

　事例 **2** 入浴（特養・ショートステイ） ——————— 69

　事例 **3** 睡眠の様子（特養・ショートステイ） ————— 70

　事例 **4** 水ぶくれ・発熱（ショートステイ） ————— 71

3 / ケース記録の書き方（実践編） —————————— 72

　文例 **1** 食事（特養） ————————————— 74

　文例 **2** 入浴（特養） ————————————— 74

　文例 **3** 日中の様子（特養） ——————————— 75

　文例 **4** 日中の様子（特養） ——————————— 75

　文例 **5** 車椅子への移乗（特養・ショートステイ） ——— 76

　文例 **6** 日中の様子（ショートステイ） ——————— 77

　文例 **7** 日中の様子（デイサービス） ——————— 78

4 / ケース記録の書き方（事例編） —————————— 79

　事例 **1** 転倒（特養・ショートステイ） ——————— 79

　事例 **2** 入所（ショートステイ） ————————— 81

　事例 **3** あざ（デイサービス） ——————————— 82

　事例 **4** 入浴，洗髪の中止（デイサービス） ————— 83

　事例 **5** 貸出（デイサービス） ——————————— 84

　事例 **6** 帰宅時のおむつ着用（デイサービス） ————— 85

5 / 業務日誌，ケース記録，受診報告書などの記録の整合性 — 86

第 **5** 章　生活場面別・状況別の記録の書き方

1 / 食事場面 ———————————————————— 90

2 / 入浴場面 ———————————————————— 95

目次　Contents

3 / 排泄場面 ————————————————— 98

4 / 日中の様子 ————————————————— 103

5 / 夜間巡回 ————————————————— 105

6 / レクリエーション ————————————————— 107

7 / 不快感などの訴え ————————————————— 109

8 / 医療的ケア ————————————————— 111

9 / ターミナルケア ————————————————— 116

10 / 転倒，転落，尻もち，ずり落ちた，の表現について ——————— 119

11 / 転倒場面を目撃した場合の表現例 ————————— 125

**12 / 車椅子からずり落ちる場面や，尻もちをついた場面などを
目撃した場合の表現例** ————————————————— 126

**13 / 床に座っている，横になっている，うつ伏せになっている，
仰向けになっている状態の表現例** ————————— 127

14 / 腫れや傷の表現例 ————————————————— 128

15 / 打撲傷，挫傷，損傷の表現例 ————————— 132

16 / 皮膚がむけている状態の表現例 ————————— 133

17 / 皮膚などに現れた症状の表現例 ————————— 134

18 / 便の表現例 ————————————————— 137

19 / 尿の表現例 ————————————————— 140

20 / 睡眠の様子の表現例 ————————————————— 142

21 / 薬を飲む場合の表現例 ————————————————— 144

22 / 観察の種類と使い分け ————————————————— 147

第 6 章　認知症の各症状に対する記録の書き方と対応のしかた

1 / 認知症ケア ————————————————— 150

**2 / 行動・心理症状（BPSD）：攻撃的な言動（暴言，暴力）の記録と
対応のしかた** ————————————————— 152

3 / 行動・心理症状（BPSD）：攻撃的な言動（不穏）の記録と対応のしかた – 153

4 / 行動・心理症状（BPSD）：介護への抵抗の記録と対応のしかた ——— 154

5 / 行動・心理症状（BPSD）：帰宅願望の記録と対応のしかた ——— 157

6 / 行動・心理症状（BPSD）：徘徊の記録と対応のしかた ——— 159

7 / 行動・心理症状（BPSD）：不潔行為の記録と対応のしかた ———— 161

8 / 行動・心理症状（BPSD）：異食の記録と対応のしかた ————162

9 / 行動・心理症状（BPSD）：性的言動の記録と対応のしかた ————163

10 / 行動・心理症状（BPSD）：幻覚の記録と対応のしかた ————165

11 / 行動・心理症状（BPSD）：妄想の記録と対応のしかた ————166

12 / 行動・心理症状（BPSD）：失禁の記録と対応のしかた ————167

13 / 行動・心理症状（BPSD）：昼夜逆転の記録と対応のしかた ———— 169

14 / 行動・心理症状（BPSD）：収集癖の記録と対応のしかた ———— 170

15 / 行動・心理症状（BPSD）：睡眠障害の記録と対応のしかた ———— 171

16 / 行動・心理症状（BPSD）：夜間せん妄の記録と対応のしかた ———— 172

17 / 中核症状：記憶障害の記録と対応のしかた ———— 174

18 / 中核症状：見当識障害の記録と対応のしかた ———— 175

19 / 中核症状：理解・判断力の低下の記録と対応のしかた ———— 176

20 / 中核症状：失行（食事）の記録と対応のしかた ———— 177

21 / 中核症状：失行（着衣）の記録と対応のしかた ———— 178

22 / 中核症状：失認（便座）の記録と対応のしかた ———— 179

23 / 中核症状：失認（歯ブラシ）の記録と対応のしかた ———— 180

第**7**章　ヒヤリハット・事故報告書の書き方

1 / ヒヤリハット報告書の書き方 ———— 184

2 / 事故記録・事故報告書の書き方 ————186

第**8**章　より良い介護記録にするために

1 / 介護記録チェック表 ———— 192

2 / 介護記録シートの活用 ———— 194

3 / より良い介護記録にするために心がける点（まとめ）——— ———196

4 / 身体の部位の名称と状態についての表現例 ———— 202

索引 ———— 208

表紙デザイン・本文デザイン／ STUDIO DUNK
本文イラスト／スタートライン

Web ふろく
「介護記録のきほんがわかるミニセミナー」動画
につきまして

　本書では，Web ふろくとして，「介護記録の書き方のきほんがわかるミニセミナー」の動画を提供しています。介護記録を書くときの基本事項と重要ポイントをわかりやすく解説しています。ぜひご覧ください。

　ミニセミナー動画は下の QR コードまたは URL からご覧いただけます。

https://www.medical-friend.co.jp/douga_ab/ykk/06/ykk06.html

● 動画は無料で視聴できますが，視聴にかかる通信料は利用者のご負担となります。
● 動画の提供期間は本書の次回の改訂までを予定しておりますが，予告なしに動画を変更・修正したり，配信を停止する場合がございます。ご了承ください。
● 本コンテンツを無断で複写，複製，転載またはインターネットで公開することを禁じます。

動画は専用ウェブサイト「mee connect」に会員登録し，下に記載してあるライセンス番号を入力することでご覧になれます（番号はシールをはがしてご確認ください）。

第 **1** 章

介護記録とは

① 記録とは何か（記録することの意味）

　「記録」とはいったい何でしょうか。調べてみると，「のちのちに伝える必要から，事実を書きしるすこと。また，その文書」などと書かれています（「広辞苑」第6版）。

　つまり「記録」は，事実を書き手が読み手に正確に伝える手段であり，伝える相手である読み手の存在を忘れてはならないのです。

　また，「記録」は「記憶」と対比して使われることがあります。よく「記憶」よりも「記録」であるといわれます。「記憶」とは，「物事を忘れずに覚えている，または覚えておくこと」をいいます（「広辞苑」第6版）。

　「記憶」は一人ひとり異なるもので，その内容はその人本人しかわかりません。記憶された内容も時間とともにあいまいとなり，具体的に表現することが難しくなります。「記憶」は，「記憶が薄れる」という言い方があるように時間がたてば失われていきます。

　一方，「記録」は事実に基づく資料であり，文字に残すことによってその人本人だけではなく，大勢の人にその内容を伝えることができます。「記録」は職員間で共有される情報であり，組織にとっては情報財産ともいえます。

　「記録」は個人で把握するだけではなく，共通の目的を有する組織として共有する情報であり，「職務上，決まりだから書けばよいのだ」「記録は書いた本人がわかっていればよいのだ」というものではありません。

　「記録」は，だれが読んでも内容が理解できるように書く必要があります。なぜならば読む人に内容が伝わらなければ「記録」の意味がないからです。したがって「記録」は，ほかの人に読まれ，活用されてこそ価値があります。

まとめ

- ✓記録とは，後に伝える必要から事実を書き残すことです
- ✓記録は，ただ書けばよいというものではありません。読む人に内容が伝わらなければ"記録"としての役割を果たしません
- ✓記録は，ほかの人に読まれ，活用されてこそ存在価値があります
- ✓介護記録では必要な情報が書かれていないと適切なサービスの提供はできません。たとえ記録が書かれていても，読み手に「具体性に欠けたわかりにくい情報」や「必要としない情報」であれば無駄な記録になってしまいます

1章 介護記録とは

2章 記録のルール

3章 記録の書き方の基本と手順

4章 業務日誌・ケース記録の書き方

5章 生活場面別・状況別の記録の書き方

6章 認知症の利用者に対する記録の書き方とポイント

7章 ヒヤリハット・事故報告書の書き方

8章 より良い介護記録にするために

2 記録の目的

　介護記録はいったい何のために書くのでしょうか。単に法令で定められているからというだけではありません。介護記録には次のような目的があります。

①職員間で情報の共有化を図り，介護を組織的に継続して行うため
②介護行為を証明するとともに，いざというときの法的な証拠になるため
③ケアプランに反映させるとともに利用者により良い介護サービスを提供するため
④利用者・家族と職員のコミュニケーションを深めるため
⑤記載内容の検討による職員の意識の向上と専門性を高めるため
⑥職員の研修に役立てるため

1 職員間で情報の共有化を図り，介護を組織的に継続して行うため

　介護業務では，一人の利用者に対して複数の職員（他職種も含む）が交替でかかわっています。このため利用者一人ひとりの介護を組織的に継続して行うには介護記録を通じて情報を共有する必要があります。この記録から，各職員が同じ視点で一貫した介護に取り組むことができます。記録に記載された情報が職員間で共有されることにより，利用者への介護を組織的，継続的に行うことができます。このように，介護記録は文字に残すことにより職員間の情報伝達をより確かなものにするとともに情報伝達の手段として欠かせないものです。

2 介護行為を証明するとともに，いざというときの法的な証拠になるため

　介護記録は，介護の内容を正確に記載することにより，サービス提供者の仕事内容の証となります。いくら適切な介護を提供していても，それが記録に残されていなければ何ら証明するものはなく介護をしていないことと同じです。
　また，万一，事故や訴訟が起きたときは，そのときの職員の対応が問われたり，家族から「事故の際の記録を見せてほしい」と求められることがあります。家族から記録の開示を求められたときには，記録そのものがなかったり，記録内容に誤りや不備があったりすると，施設・事業所の運営や介護のあり方への信頼を損なう結果となり，社会的責任が問われることにもなります。

適切な介護記録は，法的な証拠書類として職員一人ひとりの介護行為を証明するとともに，事故や訴訟が起きたときには職員や施設・事業所を守ることにつながります。

3　ケアプランに反映させるとともに利用者により良い介護サービスを提供するため

介護サービスの提供を受ける利用者については，利用者一人ひとりに適したケアプラン（援助の目標とサービス内容）が作成されます。介護記録は，このケアプランの作成や見直しに際し，サービス担当者会議やモニタリング（ケアプランの実施状況の把握と目標に対する評価）に活用します。介護過程を振り返り，より適切なケアプランの作成や評価・見直し，さらに利用者一人ひとりの状況に応じたより良い介護サービスを提供していくうえで，介護記録は欠かすことができない重要な基礎資料となります。

4　利用者・家族と職員のコミュニケーションを深めるため

介護記録は利用者の日々の生活の証でもあります。利用者一人ひとりの日常生活の様子などを記録に残すことにより，家族はこの記録から日々の生活やサービスの内容を知ることができます。

また，施設に来た家族から利用者の様子などを尋ねられても，この記録により職員は適切に対応することができ，家族に必要な情報を知らせることもできます。個人情報の保護に関する法律により利用者や家族から介護記録の開示を求められたときは，必要な情報の開示をしなければなりません。

このように，介護記録は利用者・家族と職員との信頼関係を築くための大切な「絆」でもあります。

また，利用者や家族の希望や思いなどを記録に残すことにより，利用者をより詳細に知ることができ，利用者・家族とのコミュニケーションがいっそう深まります。

5　記載内容の検討による職員の意識の向上と専門性を高めるため

記録は読み返すことが大切です。記録をもとに職員どうしが意見交換し，「提供したサービス内容（援助内容）が利用者にとって適切であったのか」「職員が行った介助方法やコミュニケーション方法（例：声かけの内容・しかた・タイミング）は適切であったのか」「どのような効果があったか」などについて振り返り，「今後

のサービス内容や介助方法，コミュニケーションの方法」などを検討していくことによって，より良い介護をつくりあげることができます。職員間（他職種も含む）の継続的な意見交換や検証は，チームによるケアを強化し，介護の質や知識・技術の向上へとつながり職員の意識や介護の専門性を高めます。

6 職員の研修に役立てるため

　適切な介護対応を記した記録やだれが読んでも内容が正確に理解できる記録は，職務上の模範となるものであり，職員どうしの研修における生きた教材ともなります。また，職員自らが書いた介護記録を読み返し，「自分が行った介護，支援が利用者にとって適切であったか」などを振り返り，確認や改善することは自己研さんになるとともにより良い介護につながります。

　さらに，利用者の事故やケガの発生の傾向を分析し，事故が起こりやすい時間帯，曜日，場所などを特定していけばリスクマネジメント（事故防止）に役立てることができます。

1章　介護記録とは

2章　記録のルール

3章　記録の書き方の基本と手順

4章　業務日誌・ケース記録の書き方

5章　生活場面別・状況別の記録の書き方

6章　福祉の現状に対する記録の書き方とおとしかた

7章　ヒヤリハット・事故報告書の書き方

8章　より良い介護記録にするために

第 2 章

記録のルール

1 記録の文体（過去形・敬語・敬称）

常体（である調）・敬体（です，ます調）

　文体には「常体」と「敬体」があります。「常体」は，文章の最後が「〜である」「〜だ」という結びで終わります。一方，「敬体」は，文の最後が「〜です」「〜ます」で終わるていねいな文体です。

　介護記録は介護保険法に基づいた公式の記録です。このような公式の記録には常体表現を用いるのが一般的です。

　また，「常体」による記録には，現在形と過去形を使い分ける必要があります。

　介護記録の文体は，たとえば「右大腿部外側に直径約3cmの浅い傷があり，少量出血していた」や「看護師の指示により冷湿布をした」のように過去形を基本として書きます。これは，介護記録が「起こったこと」や「行ったこと」などを少し時間をおいて書くためです（参考1参照）。また過去形のほうが読む人によって時間の経過が伝わりやすい表現でもあります。

　このため介護記録の文体は，過去形を基本にして記載します。ただし，現在行っていることや進行していることについては，現在形で記載するという使い分けが必要です（参考3・4参照）。

　記録として好ましくないのは，過去形で書くところを現在形で書いたり，現在形で書くべきところを過去形で書いてしまうなど時間的経過が正しく記載されないことです。

参考 1　介護記録を記載する時間

●介護職員の行動

12：00　見ている 聞いている 行っている

14：30　見ている 聞いている 行っている

16：30　記録する

　介護記録では見たこと，聞いたこと，行ったことを少し時間をおいて書くことになります。

　16時30分の時点からみると「12時の出来事」「14時30分の出来事」は過去の出来事です。

　たとえば，記録する16時30分の時点で「12時に食事の介助をした」とはいいますが「12時に食事の介助をします」とはいいません。

　また「利用者からの訴え」については，たとえば「本人から『○○が痛い』と訴えがあった」と書くのが一般的です。この文体は常体の過去形です。

1章	介護記録とは
2章	記録のルール
3章	記録の書き方の基本と手順
4章	業務日誌・ケース記録の書き方
5章	生活場面別・状況別の記録の書き方
6章	認知症の症状に対する記録の書き方と対応のしかた
7章	ヒヤリハット・事故報告書の書き方
8章	より良い介護記録にするために

参考 2 カルテ（診療録）

●医師の行動

9：30　見ている　聞いている　行っている　→　記録する

　カルテでは診察と同時に記録します。これは今まさに診察したことを，その場で即記録する同時進行の行為です。この場合「どこの部位に，どのような（大きさ，色，形，深さ等）傷がある」という書き方が必然的です。この文体は現在形です。

参考 3 「過去形」と「現在形」の違い

	過去形を基本とした記録	現在形を基本とした記録
表現	現在を中心として過去に起こったことを表します	現在行われていることを表します
例示	・本人から「○○が痛い」と訴えがあった ・右手甲に直径約3cmの赤い腫れが見られた ・看護師の指示により冷湿布をした	・本人から「○○が痛い」と訴えがある ・右手甲に直径約3cmの赤い腫れが見られる ・看護師の指示により冷湿布をする
文体	「すでに行ったこと」と「いま行っていること」の文体は区別します。すなわち，文体を「過去形」と「現在形」に使い分ける方法です	「すでに行ったこと」と「いま行っていること」の文体はともにすべて「現在形」を用いる方法です

参考 4 「過去形」と「現在形」の使い分け

　記録の文体は「過去形」が基本のため，「①すでに行ったこと，終了したこと」のように記載しますが，時には現在行っていることを記載することがあります。その場合は「②いま行っていること，現在進行していること」を現在形で記録することとになります。

	過去形と現在形の使い分け	例示
①	（過去形） すでに行ったこと，終了したこと	・本人から「○○が痛い」と訴えがあった ・看護師の指示により冷湿布をした ・1時間後の様子を見て食事の対応を検討することにした
②	（現在形） いま行っていること，現在進行していること	・痛みや腫れなどについての経過を観察する ・念のため様子を観察する

介護記録の文体は，過去形と現在形の使い分けが必要ですが，記録する時間帯によっては過去形になる場合もあるので注意が必要です。

　たとえば，13時に「1時間後の様子を見て食事の対応を検討する」とした内容を，その日の16時30分に記録するときは，「1時間後の様子を見て食事の対応を検討することにした」と過去形で書くことになります。

敬語・敬称の使用

　利用者や家族などとの会話は区別して考えるため，介護記録に敬語（ていねい語，尊敬語，謙譲語）を用いる必要はありません。

　敬語は相手を敬う気持ちを表すため一定の距離を置いた改まった表現です。話し手（書き手）が聞き手（読み手）に対してていねいな言葉（〜です，〜ます）づかいをして敬意を表すのがていねい語（例：食べます，言います，行きます），動作・行為を行う人への敬意を表すのが尊敬語（例：召し上がる，おっしゃる，いらっしゃる），動作をする人がへりくだることによって間接的に動作の受け手を敬う言い方となる謙譲語（例：いただく，申し上げる，うかがう）があります。

　敬語は表現のしかたによっては誤解を招く恐れがあったり，使い手（書き手）の心情面が影響しますので，介護記録のように事実を正確に記録する場合には適しません。そのため利用者や家族に介護記録を提示するときや開示を求められたときには，公式の記録であるため敬語を用いずに記述していることについて説明する必要があります。

　前述のとおり，敬体による表現や敬語を用いることは介護記録の性格上好ましくありません。ただし，利用者や家族などの呼称について，敬称（例：「○○様」「○○氏」）を用いる場合は，施設・事業所内で統一しておくことが大切です。

 記録に際して職員間では敬称や敬語は使用しない！
記録に際しては，たとえば㋑「家族への説明を介護主任に<u>お願いしました</u>」㋺「<u>看護師さん</u>から長女に説明して<u>いただきました</u>」㋩「看護師に処置して<u>いただいた</u>」と書くのではなく㋑「家族への説明を介護主任に<u>依頼した</u>」㋺「看護師から長女に<u>説明した</u>」㋩「看護師<u>が</u>処置した」と記録します。

1章 介護記録とは

2章 記録のルール

3章 記録の書き方の基本と手順

4章 業務日誌・ケース記録の書き方

5章 生活場面別・状況別の記録の書き方

6章 認知症の症状に関する記録の書き方と対応のしかた

7章 ヒヤリハット・事故報告書の書き方

8章 より良い介護記録にするために

> ## まとめ
>
> ● 記録の文体は過去形を基本として書きます。ただし，現在行っていることや進行していることに関しては，現在形で書きます
>
> ● 記録として好ましくないのは，過去形で書くところを現在形で書いたり，現在形で書くところを過去形で書いてしまうなど，時間的経過が正しく記載されないことです
>
> ● 敬語は，書き手の心情面が影響するなどのため，介護記録（例：業務日誌，ケース記録）のように事実を正確に記録する場合は適しません

② 日付・時刻の表記

　記録は，いつの出来事かはっきりとわかるようにそのつど日付と時刻を忘れずに記述します。年号は「和暦」か「西暦」か，日付は「○月○日」か「○／○」かのいずれの表記を用いるのか，また，時刻についても同様に表記方法を統一して書くことが大切です。

▌時刻については24時間表記で「：（コロン）」を用いる

　時刻の表記方法には「：（コロン）」と「時・分」のいずれかを用いる①「12時間表記（12時間制）」と，②「24時間表記（24時間制）」があります。「12時間表記（12時間制）」は，午前・午後０時00分（00秒）から始まります。しかし，終わりの時間は「11時59分（59秒）」までと「12時00分（00秒）」までの二通りの考え方があります。

　また，「正午」の時刻も同様に午前12時と午後０時という二通りの考え方があります。一方，「24時間表記（24時間制）」は真夜中の０時00分（00秒）から始まり，23時59分（59秒）で終わります。24時間表記といっても終わりが24時ではないのは，24時00分（00秒）と真夜中の０時00分（00秒）が重なるためです。また，時刻の表記方法を統一するため規定された国際標準化機構では「：（コロン）」を用いた「24時間表記（24時間制）」が採用されています。さらに，24時間表記により利用者の様子を時系列で把握することができます。このようなことを踏まえ，時刻の表記方法は，「24時間表記（24時間制）」で「：（コロン）」を用います。

【例】　真夜中からスタートする。

「0：00～23：59」

○ 0：00→8：00→12：30→18：00→22：00→23：59

✕ 24：00　✕ 24：30　✕ 26：00

表記方法として良い例・悪い例

✕ 6'	⟶	○ 6：00
✕ 8°	⟶	○ 8：00
✕ 12'30"	⟶	○ 12：30
✕ 18'	⟶	○ 18：00
✕ 21ᐅ	⟶	○ 21：00

1 章 介護記録とは

2 章 記録のルール

3 章 記録の書き方の基本と手順

4 章 業務日誌・ケース記録の書き方

5 章 生活場面別・状況別の記録の書き方

6 章 苦情や要望・訴え等の書き方・対応のしかた

7 章 ヒヤリハット・事故報告書の書き方

8 章 より良い介護記録にするために

記録の際は必ず時刻を表記する

記録の際は，そのつど時刻を記載します。特に，①利用者からの訴えがあった場合，②利用者に状態の変化があった場合，③職員が対応したとき，④事故が起きたとき，⑤利用者の血圧，脈拍，体温，呼吸，動脈血酸素飽和度を測定したとき，⑥日中，夜間の定時巡回や経過観察などのため利用者の居室を巡回したときなどには必ず正確な時刻を記入します。

表記方法として良い例

○ 10：10　食堂で椅子に座り，ほかの利用者と談笑しているときに……

○ 20：20　コールがあり居室に行くと，……

なお，時刻の代わりに「起床時」「朝食前・後」「昼食前・後」「夕食前・後」「朝食時」「昼食時」「夕食時」「就寝前」などの表記をする場合は，これらの表現だけではなく，必ず正確な時刻も併せて記録することが必要です。

時刻以外の表記「日中」「夜間」

　記録の際は，そのつど時刻を記載しますが，例外として，時刻を書かないで「日中」「夜間」の表記でよい場合もあります。たとえば，特定の時刻を指すのではなく，幅広い時間帯を示す場合です。

例１　・「いつも持っていた杖を持たずに日中施設内を自力でゆっくり歩いていた」

　　　・「下痢が治まるまで夜間はベッドサイドにポータブルトイレを設置した」

例２　・「夜間は，いずれの巡回時にもスースーと寝息を立てながら眠っていた」「夜間は，いずれの巡回時にも眠っており，特に変わった様子は見られなかった」などと記録する場合に用いることができます。ただし，このような表記をする場合には，これとは別に巡回時間ごとの記録がされていることが前提です。

定時の巡回の記録

　某県の実地指導の際「夜間の巡回に関する記録」について，定時が23時の巡回で，巡回したすべての利用者に「23：00」と記録していました。そのため指導員から「これでは利用者の体調の変化や事故が起きた場合，時刻による検証ができません」「すべての利用者を定時の時刻で一律に記録することは好ましくありません」という話がありました。

　このような場合は，巡回した居室ごとに時刻と様子を記録していきます。これは入浴や排泄介助の時刻でも同じです。

　まとめ

❤年号は「和暦」か「西暦」か，日付は「○月○日」か「○／○」かのいずれの表記を用いるのか。施設・事業所内で表記方法を統一して記述します

❤時刻については，利用者の様子を時系列で把握できることから，24時間表記で「：(コロン)」を用います

1章 介護記録とは

2章 記録のルール

3章 記録の書き方の基本と手順

4章 業務日誌・ケース記録の書き方

5章 生活場面別・状況別の記録の書き方

6章 認知症の意思状況に対する記録の書き方と対応のしかた

7章 ヒヤリハット・事故報告書の書き方

8章 より良い介護記録にするために

③ 専門用語による記載

　介護に関する専門用語（以下「用語」という）は，組織内の共通の言葉であり，看護師など他職種にも通じる共通の言葉です。職員どうしが読んで，互いに理解できないような業界用語や組織内流行語，自己流の造語などは避けなければなりませんが，用語を使用しないと文章が長くなり過ぎて意味が伝わりにくくなったり，平易な言葉で表すことが難しい場合もあります。用語は適切に用いることにより，記録の効率化，明確化につながります。

　施設・事業所内で用いる用語については，用語とその意味を定めた解説書を作成し，職員間でその意味について共通理解を得る必要があります。これは職員によって用語の意味の解釈が違ったり，同じ内容でも用いる用語が違ったりしないようにするためでもあります。

　また，利用者・家族に介護記録（例：ケース記録）を提示するときや開示を求められたときは，「用語」の意味について説明する必要があります。

　なお，利用者・家族との会話や説明，利用者・家族に渡すケアプラン（援助の目標とサービス内容），家族との連絡帳，通知文書（お知らせ文書）などの対外的文書には，用語の使用は避け，わかりやすい言葉を用いて対応する必要があります。用語が組織内の共通の言葉であり，一般的にはわかりにくいためです。たとえば介護記録や職員どうしの会話の中で用いる「清拭」といった用語一つとっても，どんな意味なのか，おおかたの利用者や家族の方は説明しなければわかりません。

　また，施設・事業所内で用いるその他のカタカナ語（例：ターミナルケア，グリーフケア），記号なども用語と同様の対応をし，適切に用いる必要があります。

○専門用語の一例

立位	臥位	仰臥位	経口摂取	移乗	麻痺
座位	側臥位	（背臥位）	経管栄養	清拭	健側
半座位	（右側臥位	嚥下	胃瘻	拘縮	患側
端座位	左側臥位）	誤嚥	身体の部位の名称		
椅座位	腹臥位	咀嚼	（例：前頭部, 後頭部, 頭頂部, 側頭部）		

※「身体の部位の名称」の詳細はp.202～p.207参照

> **まとめ**
>
> ✔ 専門用語は用語とその意味を定めた解説書を作成し適切に用いましょう
>
> ✔ 利用者・家族との会話や説明，対外的な文書（例：ケアプラン，家族との連絡帳，通知文書〈お知らせ文書〉）には専門用語は避けましょう

④ 略語による記載

　略語とは言葉の一部を省いて短くしたものをいいます。

　記録の効率を高めるため，施設・事業所ではあらかじめ明文化し取り決めをした略語を用いることができます。

　その際，略語は各施設・事業所内では基本的に「一つの内容を一つの単語（略語）」で表記するように統一する必要があります。一つの言葉が複数の意味をもつと職員によって違う解釈をしてしまうことにつながり，介護の方法を誤る可能性があるからです。

　略語については，職員によってその略語を使ったり，使わなかったりしないよう取り決めをし，全職員が確実に使用することが大事です。

　なお，略語は施設・事業所内で取り決めをすればどんな略語でも用いられるというものではありません。「まぎらわしい略語」「薬の略した商品名」などは，業務に混乱を引き起こす恐れがあるため避けなければなりません。また，略語を多く用いると間違った解釈やわかりにくい記録内容になるため，施設・事業所内で明文化し取り決めをする略語は必要最低限にとどめます。

　なお，利用者・家族に介護記録（例：ケース記録）を提示するときや開示を求められたときは，「略語」の意味について説明する必要があります。

　また，利用者・家族との会話や説明，利用者・家族に渡すケアプラン（援助の目標とサービス内容），家族との連絡帳，通知文書（お知らせ文書）などの対外的文書には略語の使用は避け，わかりやすい言葉を用いて対応する必要があります。略語は記録の効率化を図るため組織内で取り決めをした用語であるからです。

1章 介護記録とは

2章 記録のルール

3章 記録の書き方の基本と手順

4章 業務日誌・ケース記録の書き方

5章 生活場面別・状況別の記録の書き方

6章 認知症の各症状に対する記録の書き方をまとめした

7章 ヒヤリハット・事故報告書の書き方

8章 より良い介護記録にするために

参考

施設・事業所で取り決めした略語の例

意 味	略 語
血 圧	BP
脈 拍	P
体 温	BT
医 師	Dr
看護師	Ns
介護職	CW
ケアマネジャー	ケアマネ
職員が利用者の居室に行くこと	訪 室
車椅子に乗り自力で動かすこと	自 走

・「Fa」は「家族」の略語ですが家族とはだれであるかを明確にすることが必要です
・「PT」は職種によって異なる意味をもつ略語です（ポータブルトイレ，理学療法士）
・「CM」「CP」「HP」は介護現場と社会一般に用いられ，意味が異なる略語です。CM（介護支援専門員，コマーシャル），CP（ケアプラン，費用対効果），HP（病院，ホームページ）
・「嘱託医による回診の結果，今日から水虫の処置を中止するように指示があった」と正確に記録します。

まとめ

- ✅ 略語は施設・事業所であらかじめ明文化し取り決めたものに限ります
- ✅ 取り決めをした略語は，全職員が必ず使用することが大事です
- ✅ 略語として適さない「まぎらわしい略語」「薬の略した商品名」は避けます
- ✅ 略語の使用は必要最低限にとどめます
- ✅ 利用者・家族との会話や説明，対外的な文書には略語の使用は避けましょう

⑤ 記録の訂正

　記録の書き間違いを訂正する場合[*1]は，訂正する箇所に2本線を引き，その傍_{かたわ}らに日付と時刻[*2]，訂正内容，訂正理由，訂正者名を書き加えます。

　訂正する箇所は読み取れるように訂正します。その際，修正液や修正テープ，黒ボールペンなどを用いて塗りつぶしたりすると，記録の改ざんと受け取られてしまうこともあります。改ざんとは，事実を記載者などの利益となるよう不当に内容を改めることをいいます。介護記録の改ざんは，裁判において「証拠隠滅」と「文書偽造」の罪に問われる場合があります。訂正する場合は改ざんとみなされないように注意する必要があります。

　また，書き間違えた箇所にその上から紙を貼ったり，切り取ったり，削ぎ取ったりする行為も同様の誤解が生じてしまいます。

　なお，記録の訂正のしかたについては特に法的な規定はありません。しかし，記録の訂正方法については，事故などが発生した場合の証拠としての信用性・信ぴょう性を保つために，あらかじめ施設・事業所内で明文化し取り決めをしておくことが大切です。

　＊1 記録の書き間違いを訂正する場合とは，誤記（書き誤った記述），誤字などをいいます。
　＊2 事故や事件（トラブル）などの記録については，訂正時の「時刻」も重要な情報になります。

業 務 日 誌
〇年2月3日

ケアの状況・申し送り事項

利用者名	項目	内　　容
〇〇〇〇	右腰痛の訴え	19:00　<u>夕食後</u> 夕食前食堂で本人から「お昼頃から右側の腰が痛い」と訴 〇年〇月〇日〇:〇〇　訂正理由：記載事項の間違い，訂正者名 えがあった。状態観察を行ったところ腫れや外傷などは見られな かった。 〇〇看護師に知らせた。看護師の指示により冷湿布をした。

1 章 介護記録とは

2 章 記録のルール

3 章 記録の書き方の基本と手順

4 章 業務日誌・ケース記録の書き方

5 章 生活場面別・状況別の記録の書き方

6 章 ご利用者の会話に対する返事の書き方と対応のしかた

7 章 ヒヤリハット・事故報告書の書き方

8 章 より良い介護記録にするために

> **まとめ**
>
> ✅ 訂正する箇所は訂正前の記録がわかるように 2 本線を引き，日付，時刻，訂正内容，訂正理由，訂正者名を書きましょう
> ✅ 訂正箇所に行ってはならないこと！
> 　修正液，修正テープ，黒（青）ボールペン，インクで塗りつぶすこと。紙を上から貼ったり，切り取ったり，削ぎ取ることは避けましょう

あっ
あのこと
書き忘れた

そうだ
あのこと
も…

こんなときは……
（次ページ参照）

6 記録の追記

　記録の追記方法については，記録の最後または新たな用紙を追加して書き加えます。その際，書き加える箇所に日付および「追記」と明記するとともに書き加えた箇所の先頭に「△年○月○日分の追記」と明記し，その傍らに追記理由を書きます。そして追記の最後には，日付と時刻，記録者名を必ず書き添えます。追加した用紙は，追記する日の記録の追記箇所の上または下などの欄外部分にもとの文書が読めるように貼ります。

　また，追記する場合は行と行の間に字を詰め込んだり，行と行の間に紙を貼り補足したり，行の終わりに字を詰め込んだりすると記録の改ざんと受け取られてしまうこともあります。

　なお，追記については，追記そのものが記録の改ざんと疑われることがあるため必要最低限にとどめることが望まれます。

　追記方法は，あらかじめ施設・事業所内で明文化し取り決めをしておくことが大切です。

○追記の方法

ケ ー ス 記 録

利用者名　○○○○様

年月日	項目	利用者の様子・言葉・対応	記録者名
△年 4月 10日	嘔吐の対応と家族への連絡	14：20　嘔吐が続いたので家族（次女）に電話連絡した。本人の状態と意識状況（名前を呼びかけると眼を開けるが，すぐに閉じてしまい反応が鈍い）から救急車を呼んだことを伝えるとともに受診時の付き添いの依頼をした。 （途中省略） まもなく救急車が来るので搬送先を確認後再度連絡することを伝えた。	○○○ （看護職）
△年4月11日追記			
家族への連絡		14：45　家族（次女）に再度電話連絡し，搬送先の病院名を知らせた（□□病院）。次女は「自宅から近いので自転車で行きます」と話した。	○○○ （介護職）

➡新たな用紙を追加し次のように追記します

> △年4月10日分の追記　〈追記理由〉　記入漏れ
>
> (項目)□□病院へ搬送
>
> 14：40　救急車到着, □□病院へ搬送した。　○○看護師が付き
> 　　　　添った。
>
> 　　　　　　　　　　　　△年4月11日　11：30記入　○○○(記録者名)

※追記した用紙は, 追記する日の記録の追記箇所の上または下などの
欄外部分に, もとの文書が読めるように貼ります。

まとめ

- ✅ 追記は必要最低限にとどめます
- ✅ 記録に追記する場合は「記録の最後に書く」か「新たな用紙を追加して書き」ます
- ✅ 追記したい記録の箇所に「追記をした日付」と「追記」と明記します
- ✅ 追記した箇所の先頭に「△年○月○日分の追記」と明記し,「追記の理由」を書き, 最後に「追記をした日付, 時刻, 記録者名」を書きます

1章　介護記録とは
2章　記録のルール
3章　記録の書き方の基本と手順
4章　業務日誌・ケース記録の書き方
5章　生活場面別・状況別の記録の書き方
6章　認知症の各症状に対する記録の書き方と対応のしかた
7章　ヒヤリハット・事故報告書の書き方
8章　より良い介護記録にするために

7 記録用紙の空欄

　記録用紙の空欄とは，記録用紙の各項目において記入がなされていない空白部分をいいます。

　記録用紙の各項目に空欄が生じた場合は，「斜線」を引くか，または「記載事項なし」「以下余白」「以下○行余白」などと書きます。空欄があると記録漏れと受け取られたり，ほかの人に加筆され改ざんされる恐れもあります。また，記録する際は行間を統一して記述します。行を飛ばしたり，行を空けたり，行間を詰めたりなど行間が不統一であると同様の誤解が生じてしまいます。

ケ ー ス 記 録

利用者名　○○○○様

年月日	項目	利用者の様子・言葉・対応
○年 10月10日	訴え (眼)	13:10　昼食をとった後，食堂で本人から「右目がかすんでいる。いつもより物が見えにくい」と訴えがあった。 いつ頃から物が見えにくくなったのか確認したところ，「朝起きたときからずっと」と返答があった。○○看護師に知らせた。看護師が処置した。 看護師と相談した結果，今日は様子をみて明日も見えにくかったら午後に□□眼科を受診することにした。本人には明日の様子によって受診することを伝えた。

まとめ

- 記録用紙に空欄が生じた場合は「斜線」を引いたり，「記載事項なし」「以下余白」「以下○行余白」のいずれかを記入し，記録漏れでないことを示します
- 記録する際は行間を詰めたり，行を飛ばしたりすることなく行間を統一して書きます

第 **3** 章

記録の書き方の基本と手順

① 記録する際のポイント（要点）

　より良い介護記録を書くためのポイント（要点）は次のとおりです。介護記録を書く際には，これらのポイントを常に心掛けながら記入することが大切です。

①だれが読んでもわかるように具体的に書きましょう
②見たことや聞いたこと，行ったことを正確に記録しましょう
③対応内容を忘れずに記録しましょう
④理由や原因，根拠をしっかりと書きましょう
⑤日付・時刻や介護の経過がわかるように書きましょう
⑥だれが言ったのか情報の発信源がわかるように書きましょう
⑦自分だけが理解し，一般には認識されていない表現は用いないようにしましょう
⑧だれが書いた記録なのか，記録者がわかるようにしましょう
⑨記録を書き終えたら，必ず読み返しましょう

1　だれが読んでもわかるように具体的に書きましょう

　記録はだれが読んでも記録者と同じ状況が頭の中でイメージ(再現)できるよう，具体的に書きます。

　たとえば，その場にいなかった職員が読んでも同じ状況が伝わるように書かなければなりません。

　記録は読み手に内容が伝わらなければ「記録」としての役割を果たしません。

2　見たことや聞いたこと，行ったことを正確に記録しましょう

　記録は，見たこと（観察，発見したこと，気づき），聞いたこと（利用者，家族，職員から耳にしたこと），行ったこと（支援，対応したこと）の事実を正確に書きます。

　たとえば，廊下で"○○さん（利用者）が仰向け状態になっている"ところに遭遇したとします。この場合，発見者は「廊下で仰向け状態で倒れていた」などと記録しがちですが，実際に倒れたところを目撃していないため，このような書きかたは正確な記録とはいえません。この場合は「○：○○廊下の中央で足を開き伸ばし

| 1章 介護記録とは |
| 2章 記録のルール |
| **3章 記録の書き方の基本と手順** |
| 4章 業務日誌・ケース記録の書き方 |
| 5章 生活場面別・状況別の記録の書き方 |
| 6章 添付資料別の記録の書きかたと対応のしかた |
| 7章 ヒヤリハット・事故報告書の書き方 |
| 8章 より良い介護記録にするために |

て仰向け状態になっていたのを発見した」と職員が見たことの事実を正確に記録する必要があります（詳細はp.127参照）。

　良い記録とは，読み手に内容が正確に伝わる記録をいいます。

3　対応内容を忘れずに記録しましょう

　利用者の状態の変化や訴え，利用者の行為，行動について記録するときは，その後に対応したことも忘れずに記入します。その後の対応について記録がされていないと，「この施設・事業所は利用者の観察や，訴えは聞いてくれるが，その後の対応に関しては何もしてくれない，放置している」と思われかねません。したがって対応記録は重要な意味をもってきます。

4　理由や原因，根拠をしっかりと書きましょう

　行った介護内容について具体的に記載します。また，その際どうしてその対応をしたのか，理由や原因，根拠についてしっかり記録します。なお，根拠については「利用者からの訴えや利用者の状態の変化（体調の変化）」「利用者の行為，行動」「ケアプランのサービス内容」があたります。

5　日付・時刻や介護の経過がわかるように書きましょう

　記録はいつの出来事なのかがはっきりとわかるように，そのつど日付と時刻を忘れずに書きます。

　利用者一人ひとりについて時間の経過がわかる継続した記録（時系列）となるように書きます。たとえば，「いつから症状や訴えが始まり，いつからどのように変化し，その症状や訴えがいつ治まったのか」を時系列に沿って記録します。そのためには，業務に入る前に必ず前の記録（例：前任者の記録，「数日前〜前日」までの記録，前回利用したときの記録）をしっかりと確認するとともに，前後の経過がわかるように記載する必要があります。

6　だれが言ったのか情報の発信源がわかるように書きましょう

　記録は対応した内容の経緯が明らかになるように，だれの発言なのか，だれから

の情報提供なのか，その発信源がわかるように書きます。発信源を明確に記すことは記録の正確さにつながります。

7 ▶ 自分だけが理解し，一般には認識されていない表現は用いないようにしましょう

自分だけに通用する言葉は使わないように注意しましょう。特に，漢字は一文字一文字が意味をもっているため，勝手に漢字を組み合わせた自己流の造語は使わないようにするとともに自己流の解釈語や略語は用いないようにしましょう。
※詳細はp.196〜p.197「3．誤解をまねくような表現がない記録」の④⑤参照

8 ▶ だれが書いた記録なのか，記録者がわかるようにしましょう

記録内容には責任が伴います。したがってだれが書いた記録なのかを明確にするため，記録ごとに必ず記録者名を書きます。

記録者は，自らの責任を明らかにするため名字（苗字）を記載します。また，同姓者がいるときは，名前まで忘れずに書き，記録した職員が特定できるようにしましょう。

9 ▶ 記録を書き終えたら，必ず読み返しましょう

記録を書き終えたら必ず読み返し，「読み手に伝えるべき内容が具体的にわかるように書かれているか」「誤字，脱字はないか」「文章は長すぎないか」を再度確認します。特に，「読み手によって異なった解釈が生じるような，あいまいな表現の記録となっている」場合は，必ず書き直しを行います。

また，「説明不足」や「記録漏れ」がある場合は，追加して記載したり，内容の修正を行い，正確をきすことが必要です。

できれば，複数の職員が目を通して内容を確認することも大切です。

1	章 介護記録とは
2	章 記録のルール
3	**章 記録の書き方の 基本と手順**
4	章 業務日誌・ケース 記録の書き方
5	章 生活場面別・状況別 の記録の書き方
6	章 認知症高齢者の 記録の書き方と対応など
7	章 ヒヤリハット・ 事故報告書の書き方
8	章 より良い介護記録 にするために

2 記録の書き方の基本的事項

1 ▶ 筆記に際しての原則

　最近では事務の効率化からパソコンによる記録文書作成を行う施設・事業所も増えてきましたが，手書きで記録する場合は，鉛筆ではなく，ボールペンや万年筆など，消すことができない筆記用具を用います。鉛筆による記録では，消しゴムなどによって容易に消すことができるため，記録の改ざんなどが可能で，信頼性が低くなるためです。

　また，記録する際には，読み手に内容が確実に伝わるよう「正しく読める文字」で書くことを心がけることが大事です。書き手しかわからないような「崩した文字」や判読ができないような「なぐり書き」は避けなければなりません。

2 ▶ 5W1Hや介護記録シートの活用

　記録は事実を正確に，しかもだれにでもわかるように書く必要があります。わかりやすい記録を書くためには，文章を書くときの基本項目である5W1H（だれが，いつ，どこで，何を，なぜ，どうしたのか）を活用します。

　また，5W1Hを活用しても「だれが，いつ，どこで」以外については具体的に書きにくい場合があります。このような場合は，5W1Hを簡略し，項目をより具体的にした次ページの「介護記録シート」を活用して必要な項目を記載していきます。

　特に「記録に何を書いてよいのかわからない」「記録が苦手だ」という職員には，まずは，この「介護記録シート」を活用し，記録の書き方を身につけることを勧めます。

> 記録する内容によっては5W1Hがすべてにあてはまるとは限りません。できるだけ，これに準ずる必要がありますが，記録するうえで大切なことはどれだけ利用者の様子や状態，職員の対応などが具体的に過不足なく記録されているかにあります。

●介護記録シート

	記録の手順		利用者の様子・言葉・対応(例示)
①	だれが(利用者)		○○ ○○ 様
②	い　つ(日付・時刻)		○月○日14：10
③	どこで(場所)		食堂で
④	何　を(行為など)		
⑤	どうしたのか(職員との応答も含む)	利用者の状態の変化	
		本人(利用者)からの訴え	
		職員が利用者の状態などの観察を行った結果	
		利用者の日々の生活やレクリエーション・クラブ活動の様子など	椅子によりかかりテレビで本人が「大好きなんだ」という時代劇や歌番組を見たり，ほかの利用者と談笑したりしていた。
		職員が気づいたこと	
⑥	職員の対応とその結果		

※詳細は「介護記録シートの活用」p.194〜p.195参照

3　すばやく正確な記録

　記録は重要な業務であり，できる限りすばやく正確に行う必要があります。なぜならば，時間が経過すればするほど記憶があいまいになるためです。正確な記録のためには，できるだけ記憶が鮮明なうちに速やかに記録することが重要です。メモ帳などを常に携帯し，ケアの合間に即座にメモを取ることを心掛けます（例：利用者名，時刻，利用者の様子，言葉，ケアの内容〈対応〉，気づいたこと）。その後はメモ書きした内容を整理します。伝えなければならない情報を取捨選択し，文章化してから介護記録へ転記します。

　また，メモからの転記ミスがないように注意するとともに，不要となった個人が特定できる情報を記載したメモはシュレッダーにかけるなど，速やかに破棄します。

4　記録者の責任

　施設・事業所によっては記録者を当番制にして記載しているところもあります

が，基本的には実際にケアにかかわった職員が記録します。直接かかわっていない職員が記録し署名した場合，その責任は署名した職員が負うことになります。

また，かかわった職員が記録しなかった場合に事故などが発生したときには，社会的信用が問われることになりかねません。

5 ▶ 業務日誌・ケース記録へ記入する内容

業務日誌，ケース記録に「何を書くのかわからない」「書くことがない」「書き方がわからない」と迷うのではなく「記録として何を書かなければならないのか」を知ることが大切です。何を書いていいのかわからないまま記録すると，書く視点が定まらず，だらだらと長く書き過ぎたり，また反対に文が短か過ぎたりして読み手に何を伝えたいのかがわからない記録になりかねません。

業務日誌，ケース記録へ記載する主な内容を次に示します。

①利用者の心や体の変化 ──────→ 申し送り事項は「業務日誌」へ
 ・利用者の状態の変化 ─────→ 詳細な内容は「ケース記録」へ記載
 ・利用者からの訴え

②職員が行ったケア（介護や支援）の内容 ──→ 「ケース記録」へ
 ・ケアの内容およびそのときの利用者の
 　様子（表情・言葉・動作） ※ただし，申し送りする必要があ
 ・ケア内容の理由や根拠 る事項は「業務日誌」へ記載

③利用者の日々の生活やレクリエーショ
 ン・クラブ活動・行事などの様子（生
 活状況や活動状況） ──────→ 「ケース記録」へ

④ケアプランに基づいたサービス内容に ──→ 「ケース記録」へ
 ついて行ったケアの内容およびそのと
 きの利用者の様子 ※ただし，申し送りする必要があ
 　る事項は「業務日誌」へ記載

⑤利用者のできること，できないこと ──→ 「ケース記録」へ
 　　　　　　　　　　　　　　　　　　　※ただし，申し送りする必要があ
 　る事項は「業務日誌」へ記載

⑥利用者の「希望」や家族からの「要望」，
 職員が「気づいたこと」 ─────→ 「ケース記録」へ
⑦事故やトラブル（事件） ─────→ ※ただし，申し送りする必要があ
 　る事項は「業務日誌」へ記載

1章　介護記録とは
2章　記録のルール
3章　記録の書き方の基本と手順
4章　業務日誌・ケース記録の書き方
5章　生活場面別・状況別の記録の書き方
6章　家族の想いにこたえる充実した対応のしかた
7章　ヒヤリハット・事故報告書の書き方
8章　より良い介護記録にするために

①の「利用者の心や体の変化」について，日勤者や夜勤者に申し送りすべき事項（申し送り事項）は「業務日誌」へ的確に要点をおさえて記載します。ただし詳細な内容は「ケース記録」へ記載します。

また，②の「職員が行ったケア（介護や支援）の内容」，③の「利用者の日々の生活やレクリエーション・クラブ活動・行事などの様子（生活状況や活動状況）」，④の「ケアプランに基づいたサービス内容について行ったケアの内容およびそのときの利用者の様子」，⑤の「利用者のできること，できないこと」，⑥の「利用者の『希望』や家族からの『要望』，職員が『気づいたこと』」，⑦の「事故やトラブル（事件）」については「ケース記録」へ記載します。

なお，②の「職員が行ったケア（介護や支援）の内容」，④の「ケアプランに基づいたサービス内容について行ったケアの内容およびそのときの利用者の様子」，⑤の「利用者のできること，できないこと」，⑥の「利用者の『希望』や家族からの『要望』，職員が『気づいたこと』」，⑦の「事故やトラブル（事件）」のうち，申し送りする必要がある事項は「業務日誌」へ記載します。

※詳細については「第4章　業務日誌・ケース記録の書き方」p.64〜p.87を参照

1 章 介護記録とは

2 章 記録のルール

3 章 記録の書き方の基本と手順

4 章 業務日誌・ケース記録の書き方

5 章 生活場面別・状況別の記録の書き方

6 章 利用者の症状に対する記録の書き方とポイント

7 章 ヒヤリハット・事故報告書の書き方

8 章 より良い介護記録にするために

6 ケアプランに基づいた記録の書き方

　介護サービスの提供に際しては，始めに各利用者の状況をアセスメント（課題分析）したうえで，利用者一人ひとりに適したケアプラン（援助の目標とサービス内容）が作成されます。また，このケアプランは必要に応じて見直しなどが行われます。ケアプランは，日々のケア（介護や支援）について各職員の経験に任せたり，その時々の場当たり的な対応ではなく，統一した方針のもと，組織的，継続的にケアを行うためのものです。

　職員はケアプランに基づいたサービス内容についてケアを行い，行ったケアの内容（実施状況）およびそのときの利用者の様子（表情・言葉・動作）などを記録します。

●施設サービス計画書①（ケアプラン）

利用者名　秋野　紅葉　様

作成年月日△年△月△日

生活全般の解決すべき課題（ニーズ）	援助目標				援助内容			
	長期目標	期間	短期目標	期間	サービス内容	担当者	頻　度	期間
ふらつくことなく歩きたい	施設内を転倒することなく一人で歩行することができる	△年○月○日～△年○月○日	福祉用具を活用し，一人で歩行することができる	△年○月○日～△年○月○日	・福祉用具（杖，シルバーカー）を使用する	介護職	歩行時	△年○月○日～△年○月○日
					・移動時および散歩など歩行する機会を持つ	介護職	歩行時	
					・歩行が不安定なときは付き添いをしながら見守る	介護職	歩行不安定時	
					・下肢筋力の強化を目的とした機能訓練を行う	機能訓練指導員	週2回	
					・居室や共有スペースの環境整備に努める	介護職	常　時	

たとえば，ケアプランにおいて，長期目標を「施設内を転倒することなく一人で歩行することができる」，短期目標を「福祉用具を活用し，一人で歩行することができる」と掲げた場合，介護記録（例：ケース記録）には，この目標に沿った各サービス内容を基に，

①利用者の日常生活での歩行の様子はどうであったのか

②福祉用具（杖，シルバーカー）が適切に使用されているかどうか

③機能訓練時の様子や効果はどうであったのか

④職員が付き添いをしながら見守ったのはどんな状況のときで，そのときの利用者の様子（表情・言葉・動作）はどうであったのか

⑤職員がどんな声かけをし，どんな会話を交わしたのか

⑥職員が気づいたこと

など，歩行に関する内容や福祉用具の使用状況を継続して記入していきます。この記録により，利用者の歩行状態が日を追ってどのように変化しているのかがわかります。

　このような記録により，ケアプランに基づいた介護記録となり，モニタリング（ケアプランの実施状況の把握と目標に対する評価）の際にも，この記録を活用することができます。これは利用者一人ひとりに応じた，より適切な介護サービスにつながります。

　職員は日々の記録に際して，ケアプランに基づいた記録を具体的に残すことが必要です。

　職員のなかには「利用者一人ひとりの内容まで覚えていられない」という方もいます。職員が各利用者のケアプランの内容を周知する方策として，「各利用者の課題，目標，サービス内容，担当者，頻度」の部分をコピーして介護記録（例：ケース記録）の最初のページに貼りつけておくことも大事であると考えます。

1章 介護記録とは

2章 記録のルール

3章 記録の書き方の基本と手順

4章 業務日誌・ケース記録の書き方

5章 生活場面別・状況別の記録の書き方

6章 ご利用者・ご家族に対する説明と同意を得るための記録のしかた

7章 ヒヤリハット・事故報告書の書き方

8章 より良い介護記録にするために

●ケアプラン作成のプロセスと記録との関係

①アセスメント（課題分析）

利用者の現在の状況等情報を収集分析し，日常生活全般の課題（ニーズ）「利用者のできることや何ができなくて，どんなことに困っているのか，今後どのような生活を希望しているのか（家族の意向も含む）」を明らかにする。

②ケアプランの原案の作成

課題（ニーズ）に対する解決の方策や具体的な目標，サービス内容等を検討する。

③サービス担当者会議※

各担当者や利用者，家族が集まり，提供するサービス内容等ケアプランの原案について協議する。

④ケアプランの確定

利用者，家族へケアプランのサービス内容について説明を行い，文書による同意を得た後交付する。

⑤支援の実施（ケアの開始）

各利用者のケアプランに基づいたサービス内容について職員がケア（介護や支援）を行う。

⑥介護記録（例：ケース記録）

職員が行ったケアの内容（実施状況）およびそのときの利用者の様子を介護記録（例：ケース記録）に記載する。

⑦モニタリング

ケアプランの実施状況や目標の達成度，利用者の満足度を確認し，サービス内容や介助方法，コミュニケーションの方法が適切であったのかを評価，検証する。

⑧再度アセスメント（課題分析）
ケアプランの見直し（修正・変更・継続）

修正・変更・継続が必要な場合，再度アセスメントを行う。

※サービス担当者会議には，介護職員，看護職員，生活相談員，機能訓練指導員，管理栄養士，ケアマネジャー，利用者，家族などが出席します。

7 ▶ 法令の遵守（コンプライアンス）

　職員は介護保険法や関係諸法などに基づいて介護サービスを提供しています。また，専門職として，常に知識・技術の向上や高い倫理性を必要としています。しかし，専門職としていくら介護サービスを提供しても，法令に違反すれば利用者へのサービスを提供することができなくなるばかりでなく，介護報酬を受け取ることもできません。法令の要件を満たしていることが介護の基本です。介護サービスを提供するにあたっては，法令を遵守（コンプライアンス）することは当然のことなのです。

　また，記録の整備については，介護保険法および厚生労働省令において必要な記述内容が義務づけられています。

　このため，法令を遵守する証明という意味においても，記録や各種の文書類は適正に記述し，保管されなければなりません。

① 章 介護記録とは

② 章 記録のルール

❸ 章 記録の書き方の基本と手順

④ 章 業務日誌・ケース記録の書き方

⑤ 章 生活場面別・状況別の記録の書き方

⑥ 章 利用者や家族に対する記録の書き方と対応のしかた

⑦ 章 ヒヤリハット・事故報告書の書き方

⑧ 章 より良い介護記録にするために

3 利用者の訴えに関する記録のしかたについて

「利用者の訴えについて」表現するときには，次の 2 つの方法が考えられます。

①利用者が訴えた言葉をそのまま記録する方法
②利用者が訴えた言葉を要約して記録する方法

　どちらを選択するかは，そのときの状況に応じて使い分けることが必要です。
　記録は，基本的には「利用者が訴えた言葉をそのまま記録」することが原則です。たとえば，
　　・すごく痛そうだった
　　・右殿部にかゆみあり
　　・おいしそうに食べた
など職員の主観的判断による表現ではなく
　　・本人は眉間にしわを寄せ，険しい表情で「息苦しい，胸がとても痛い」と訴えた
　　・本人から「右のお尻がかゆい」と訴えがあった
　　・本人が笑顔を見せながら「とてもおいしい」と言った
など利用者が発した言葉をそのまま記録します。さらに，利用者の表情や様子も必要に応じて記録すると，訴えの内容，訴えたときの心情に関する理解に役立ちます。
　また，利用者が訴えた言葉の内容によっては，職員が要領よくまとめて記録することも考えられます。
　利用者が訴えた言葉の内容が不明確であったり，繰り返しが多かったりした場合は，そのままそっくり記録しても，決してわかりやすい記録にはなりません。そのような場合，内容をより明確にするため利用者の発した言葉を基本に職員がわかりやすく，要領よくまとめて記録することが大切です。
　たとえば，利用者から「足がとても痛い」という訴えがあった場合，「足」だけでは漠然（ばくぜん）としていて不明確です。右足なのか，左足なのかもわかりません。さらに，「足」には「大腿部（だいたいぶ）」「下腿部（かたいぶ）」「足首」「足の指」「足の甲」「足の裏」などがあります。ただ単に「足が痛い」だけでは，どこの部位を言っているのかわかりません。このような場合は，職員が確認して明確にする必要があります。
　なお，こうした利用者の訴えについての記録には，客観性が求められます。職員の主観だけで書くことは適切ではありません。
　また，書いた本人にしかわからない自己流の造語や自己流の略語を使ったりすることは避けなければなりません。
　さらに，利用者が発した言葉（例：訴え，職員との会話，利用者どうしの会話）

はすべてを記録しなければならないというものではありません。「ケアに必要な情報」「利用者の支援につながる情報」「職員間で共有すべき情報」を記録することになります。

利用者が発した差別的・侮蔑的（ぶべつ）・下品な表現について

　訴えに限らず利用者が発言した言葉は，基本的にはそのまま記録します。たとえば，利用者間でトラブルがあり，相手方に発した言葉が「人格を否定するような差別的」「侮蔑的」「下品」な表現であっても，事実をそのまま記録します。こうすることで，後日ほかの職員が読んだときに当時の様子が正確に伝わります。

方言について

　「方言」についても，そのまま記録します。方言の使用は利用者のそのときの心情を表していますし，その利用者の人となりがわかります。

 注意　利用者の実名による記載と個人情報の保護に関する法律との関係

　利用者どうしのトラブルなどがあった際に，利用者の氏名を記録上に残すことが必要です。この場合，双方の利用者の実名は避け，イニシャルなどで記載する考え方もありますが，この方法では後日，事実関係がわからなくなる恐れがあります。記録の開示を求められたときは，個人情報保護の観点から相手側利用者の氏名はマスキング（伏せ字）などで対応することができる（個人情報の保護に関する法律第25条を参照）ため，実名で記録します。

まとめ

- 利用者が訴えた言葉はそのまま記録するのが原則です。ただし，訴えた言葉の内容が不明確であったり，繰り返しが多かったりした場合は，利用者の発した言葉を基本に職員が問いかけながら要領よくまとめて記録します
- 利用者が発した「差別的・侮蔑的・下品」な言葉は遠回しに表現することなく言葉どおりそのまま記録します
- 「方言」についてもそのまま記録します
- 利用者の氏名はイニシャルで記録することなく実名で記録します

1章 介護記録とは

2章 記録のルール

3章 記録の書き方の基本と手順

4章 業務日誌・ケース記録の書き方

5章 生活場面別・状況別の記録の書き方

6章 認知症の症状に対する介護記録の書き方のしかた

7章 ヒヤリハット・事故報告書の書き方

8章 より良い介護記録にするために

4 利用者が自ら訴えることができない場合の記録のしかたについて

利用者が自ら訴えることができない場合は，表情や態度，動作，また，職員からの積極的な声かけや動作（身ぶり，手ぶり）などを通じて利用者が，何を訴えたいかを汲み取ることが大切です。特に表情やしぐさ，視線などを細かく観察し，利用者の思いを汲み取りながら記録します。さらに，利用者の普段の様子との違いや利用者が触れたものなどについても記載します。利用者の訴えをどれだけ察知できるか，職員の「観察力」や「気づき」などの力量が問われます。

表情から利用者の訴えを汲み取る

表情から利用者の訴えを汲み取ることによって状態の変化などを察知することは，介護の専門性を発揮することにつながります。

> 例　・体位変換時，左右の腰に触れると，そのつど顔をゆがめ痛みがある様子が見られた
> ・……そのつど顔をしかめ苦痛の表情が見られた
> ・……そのつど眉間にしわを寄せて痛みに耐えている様子が見られた

「顔をゆがめ」という表現は客観的な観察を示しています。この「顔をゆがめ」たことから推察して，「痛みがある様子が見られた」と表現しています。

「痛みがある」という表現は，一見「主観的判断」ですが，その後に「様子が見られた」という表現をしているため，「主観的判断」にはなりません。また，「痛みがある様子」という表現は，利用者自らが訴えられないため，観察者が事実をもとに判断している表現です。

> 例　・痛みがある様子が見られた
> ・苦痛の表情が見られた
> ・痛みに耐えている様子が見られた

「痛みがある様子が見られた」「苦痛の表情が見られた」「痛みに耐えている様子が見られた」はいずれも同じ意味なので，この場合いずれの表現を用いることもできます。

表情やしぐさから利用者の訴えを汲み取る

自ら訴えることができない利用者については，特にその利用者の「表情」「しぐさ」などを観察します。

その「表情」「しぐさ」などから、「利用者が何を訴えているのか」「利用者が何を言いたいのか」を十分に汲み取ることも大切な仕事です。たとえば、食事の介助をしているときに、食べたくないような表情やしぐさが見られた場合、「食事を途中でやめた」「食事の量が減った」など、利用者の状況の変化が考えられます。

このような場合、利用者が「どのような表情をしたのか」「どのようなしぐさをしたのか」などを記録することが大切です。

また、これは日頃からの細かな観察や職員の積極的な声かけや動作（身ぶり、手ぶり）などを通じて利用者とのコミュニケーションを図る必要があります。

> 例　7：40　食堂で朝食の介助時に、スプーンで食べ物を口元へ運ぶと、眉間にしわを寄せて首を振った。「どうしましたか」と声をかけるが、幾度も首を振り食べたくないという様子が見られた。主食2口、副食1口食べたところで食事を中断した。○○看護師と相談した結果、1時間後の様子を見て食事の対応を検討することにした。

「食べ物を口元へ運ぶと、眉間にしわを寄せて首を振った」という表現は、食事の介助に対する反応として「首を振った」事実を観察しています。この「幾度も首を振」ったことから推察して、「食べたくないという様子が見られた」と表現しています。

参考

「利用者が自ら訴えることができない場合」のその他の文例

■日中の様子

13：10　昼食後は食堂で車椅子に乗り中庭にあるバラの花を穏やかな表情で眺めていた。時々後ろを振り返り、職員やほかの利用者の様子を目で追っていた。

「○○さん、バラの花がきれいに咲いていますね」と声をかけると振り返り笑みを浮かべた。

■発熱

14：30　コールがあり居室に行くとベッドで険しい表情をしながら両腕を胸に交差させ上半身が小刻みに震えていた。耳もとで「寒いですか」と尋ねると本人は目をしっかりと開け、視線を動かしながら頷くようなしぐさをした。

体温を測ると37.5℃あった。室温を確認し新たに掛布団を追加してから○○看護師に知らせた。（以下省略）

■夕食時の様子

18：00　居室のベッドで食事の介助を行った。スプーンで煮魚を口元へ運ぶと 2 ～ 3 口食べた。その後「○○さん，煮魚おいしいですか」と声をかけると本人は口元をかすかに動かし声は聞きとれなかったが「おいしい」という口の動きをし，頬をほころばせる表情を見せた。

<table>
<tr><td>注意</td><td>**自ら訴えられない利用者とのコミュニケーション**</td></tr>
</table>

　　自ら訴えられない利用者とのコミュニケーションを図ることは，意志の疎通という点から難しい課題があります。

　　しかし積極的なスキンシップをとおして円滑なコミュニケーションを構築していくことが大事です。

　　利用者一人ひとりと接するなかで，「いつもより元気がない」「いつもと顔色が違う，具合が悪そうだ」「顔をしかめた」「手が冷たい」などの変化を感じたときは，即時にバイタルサインを測定したり，原因を見つけ対応することが，利用者にとってより良い介護サービスにつながります。

　　また心身の状況によっては医療職との連携を図ることが必要です。

1 章 介護記録とは

2 章 記録のルール

3 章 記録の書き方の基本と手順

4 章 業務日誌・ケース記録の書き方

5 章 生活場面別・状況別の記録の書き方

6 章 認知症の症状に対応した記録・報告のしかた

7 章 ヒヤリハット・事故報告書の書き方

8 章 より良い介護記録にするために

5 推測・推察による表現を併せて記録できる場合の書き方について

　「推測」とは，事実や知識・経験をもとにこうであろうと考えること。「推察」とは，相手の状況や心情に寄り添ってこうであろうと考えること，をいいます。

　状態などの観察の記録は，事実を正確に記録することが原則です（「状態などの観察の記録の書き方（基礎編）」p.50参照）。

　ただし，それらの記録をもとに職員が推測・推察を加えることで状態，状況などがよりわかりやすくなる場合は，推測・推察による表現を用いることができます。推測・推察の表現については，「～と考えられる」「～と思われる」「～と判断される」と現在形で記録します。

結果から状態を推測する

> 例　13：10　手をつないで廊下を歩行しているときに，突然体がふらつき，床に尻もちをついた。「大丈夫ですか」と尋ねたが，「なんともない」と答えた。床から起こし，手をつなぎ介助しながら居室のベッドに誘導した。職員と手をつないでいたので殿部をさほど強く打っていないものと<u>考えられる</u>。○○看護師に知らせた。……

これは，結果から判断し打撲の程度を推測するものです。

結果から状況を推測する

> 例　14：20　居室前の廊下で車椅子のフットサポートの上にお尻を乗せ，背中を車椅子にもたれている状態であった。体全体の力が抜けたような様子であり，車椅子からずり落ちたものと<u>思われる</u>。
> 「どうしましたか，大丈夫ですか」と声をかけながら全身観察を行ったところ……

これは結果を見て状況を推測するものです。

結果から原因を推測する

例　16：30　食堂でテレビを見ていたので声をかけようと近寄ると，右前腕部外側（がいそく）に直線状の約1cmの浅い傷があり，少量出血していた。「この傷はどうしましたか」と尋ねると，「さっき，ベッドから降りるときに柵にぶつけてしまった」と説明があった。○○看護師に知らせ，看護師が処置した。本人と一緒にぶつけた所を確認しに行くと，ベッド左側の柵の下のシーツに少量の血液が付いていた。ぶつけたときのものと思われる。……

これは，結果を見て原因を推測するものです。

患部の状態から原因を推察する

例　17：40　食堂で本人から「右足の親指が痛い」と訴えがあった。見ると右足第一趾（し）の爪が皮膚に食い込んでいるため，それが原因で痛みを感じていると考えられる。○○看護師に知らせた。……

これは，患部の状態を見て原因を推察するものです。

※その他推察の記録は，「ケース記録の書き方（実践編）」の「文例6」「文例7」
　p.77～p.78を参照

1章　介護記録とは

2章　記録のルール

3章　記録の書き方の基本と手順

4章　業務日誌・ケース記録の書き方

5章　生活場面別・状況別の記録の書き方

6章　病気の症状に対する・対処の書き方と仕方

7章　ヒヤリハット・事故報告書の書き方

8章　より良い介護記録にするために

⑥ 印象について記載する場合（良い例・悪い例）

印象について記載する場合は，感覚的な表現は避けるとともに，そのように受け止めた根拠となる具体的な状況を正確に記録します。印象だけでは職員の単なる主観などと受け取られてしまうこともあります。

 悪い例

▷13：30　食堂でイライラしている様子が見られた。

 良い例

▷13：30　食堂で手足を小刻みに動かし，眉間にしわを寄せ表情もこわばり，イライラしている様子が見られた。
「どうしましたか」と尋ねると「くやしいよ」と話したので詳しく聞くと食事のときにスプーンがうまく使えないことがくやしいとのこと。「上手にスプーン使っていましたよ，右手のリハビリも一生懸命に行っているので大丈夫です」と伝えると，うれしそうな表情が見られるようになった。

 悪い例

▷14：10　居室で声をかけると活気が見られなかった。

 良い例

▷14：10　居室で「○○さん今日は輪投げです。食堂でみんなが待ってますよ」と声をかけると，本人は下を向き「今日は何もしたくない」と言い，表情にも活気が見られなかった。
「どうしましたか」と尋ねると小声で「最近は好きなケーキを食べていないのでぜひ食べたい」と話したので，輪投げが終わったら用意することを伝えた。本人は目を細めながらうれしそうな表情を見せ「じゃするか」と言って食堂に向かった。

 **悪い例**

▷15：00　食堂で声をかけると活気が見られた。

 良い例

▷15：00　食堂で「体調はいかがですか」と声をかけると，本人は笑いながら「体調は上々，今日おまえさんと話をすることはないよ」と元気な声で応じ表情に活気が見られた。

 悪い例

▷18：50　夕食後に食堂で興奮し，落ち着きが見られなかった。

 良い例

▷18：50　夕食をとった後，食堂で，大きな声で「こんなところに来るんではなかった。家に帰してくれ」と言ったり，「どうしましたか」と職員の声かけにも返答せず両足をばたつかせたりして，落ち着きが見られなかった。
再度声かけをし「これから娘さんが迎えに来てくれます。それまで事務室で紅茶でも飲みながら待ってててください」と言って移動した。
紅茶を差し出し，2〜3口飲むと，穏やかな表情になり態度も落ち着きが見られるようになった。

 　印象は，それ自体が感覚的なものです。しかし，「何から」そのように感じたのかを書き添えることで，そのときの状況などを具体化することができます。

1章　介護記録とは

2章　記録のルール

3章　記録の書き方の基本と手順

4章　業務日誌・ケース記録の書き方

5章　生活場面別・状況別の記録の書き方

6章　認知症の症状・状態別の書き方と対応のしかた

7章　ヒヤリハット・事故報告書の書き方

8章　より良い介護記録にするために

7 「特変なし・異常なし・問題なし」の用語に関する記録

　介護記録を書くときに「特変なし」という表現が使われることがあります。しかし「特変なし」だけの記録ではそのときの利用者の様子がわかりません。「特変なし」とは「特に変わりはなかった」という意味の略語です。単に「特変なし」という記録では何に対して変わりはなかったのかが不明です。この場合は，そのときの利用者の様子や状態について，職員が事実として見たこと，聞いたこと，行ったこと，利用者と交わした会話の内容などについて具体的に記録しなければなりません。以下に悪い例，良い例を示します。

 悪い例

▷23：10　夜間の巡回時，特変なし。
▷ 6：30　居室で検温するが特変なし。

 良い例

▷23：10　夜間の巡回時，居室に行くと，ベッドでスースーと寝息を立てて眠っており，特に変わった様子は見られなかった。
▷ 6：30　起床介助のため居室に行くと熱感があったため検温した。体温は36.5℃あり特に普段と変わりはなかった。顔色も普段と変わりはなかった。

　「特変なし」以外に，「異常なし」「問題なし」という記録も好ましい表現ではありません。「異常なし」「問題なし」と記録をすると，利用者のどのような行為・行動が「異常なのか」「問題なのか」と問われかねません。このような場合は「特に変わった様子は見られなかった」という表現が正しい言い方です。
　なお，「異常なし」「問題なし」という表現は記録上用いることができないということではありません。「異常なし」「問題なし」という記録については，何に対して，異常なし，問題なしなのかを正確に記載します。
　たとえば，「入浴時に全身の皮膚状態を観察したが異常はなかった」（または「問題はなかった」），「四肢の関節可動域に異常はなかった」（または「問題はなかった」）などのような場合は用いることがあります。

①章 介護記録とは

②章 記録のルール

③章 記録の書き方の基本と手順

④章 業務日誌・ケース記録の書き方

⑤章 生活場面別・状態別の記録の書き方

⑥章 研修会などで活用する記録のしかた

⑦章 ヒヤリハット・事故報告書の書き方

⑧章 より良い介護記録にするために

⑧ 医学的・医療的判断の記録

▷14：30　食堂で本人から「頭が痛い，頭痛薬がほしい」と訴えがあった。頭痛薬○○を 1 錠わたし，本人は服用した。

 良い例

▷14：30　食堂で本人から「頭が痛い，頭痛薬がほしい」と訴えがあった。○○看護師に知らせ看護師が対応した。本人の同意を得て居室に誘導しベッドに臥床させ安静にした。

▷15：30　居室で状態を確認すると本人は「薬を飲んだので今は痛くない」と話した。看護師に報告した。

解説

　介護サービスの対象となる方は病気や障害があることが多く，介護職員は病気や障害に関する基礎知識をもつ必要があります。しかし介護職員は医療の専門職員ではありませんから，医療行為についての責任を負うべきではありません。独断で医療的判断をしたり，医療行為を行ってはいけません。

　介護職員が医療行為をしていることが記録から判断された場合，仮に利用者に不測の事態が生じたときには，介護職員の責任が問われても仕方がないことです。この記録（上記，悪い例）の場合も，本人（利用者）の希望ということで看護師に連絡もせず介護職員が独断で判断して薬を服用させることはあり得ません。医療的判断を必要とするこの場合，事前に医師の指示を受けた看護師に連絡することが必要です。看護師に連絡し看護師が対応したのであれば，そのように正確に記録します。

参考

　前記の事例以外にも，たとえば次のような記録は介護職員が医学的・医療的判断をしているため望ましい記録ではありません。

■血圧が高いので薬を飲ませたほうが良いと思われる。<u> </u>×

■2日前から下痢が止まらないため何度もトイレに行き疲れた様子であった。<u>下痢を止める薬の服用が必要である。</u>×

■昼食時，主食を2〜3口食べて間もなく，本人が左胸を触りながら「この辺がチクチク痛い」と訴えた。その後，食事はほぼ全量摂取したので<u>問題ないと思われる。</u>×

■○○さんは<u>風邪</u>×で具合が悪く一日中居室にこもっていた。

■○○さんは一日中，<u>体調が不良だった。</u>×

※その他医学的・医療的判断が下される前に介護職員が用いることのできない表現（用語）はp.198「3．誤解をまねくような表現がない記録」の⑩を参照

 ケア業務は職員相互（他職種も含む）の連携，協力が不可欠です。なかでも医療に関することについては，介護職員はきちんと医療職（看護師，医師）に連絡することが大切です。介護職員が看護職員に報告や連絡するときは看護職員が正確に判断できる情報を提供する必要があります。

9 # 施設・事業所の姿勢が問われる記録

1章 介護記録とは

2章 記録のルール

3章 記録の書き方の基本と手順

4章 業務日誌・ケース記録の書き方

5章 生活場面別・状況別の記録の書き方

6章 認知症の程度による記録をどう判断するか

7章 ヒヤリハット・事故報告書の書き方

8章 より良い介護記録にするために

 悪い例

▷ 7：30　食堂で朝食時に居眠りをしていた。介助しながら主食・副食ともに一口ずつ口の中に入れたが，すぐに出してしまった。

 良い例

▷ 7：30　食堂で朝食時に居眠りをしていたため，繰り返し声をかけたが目覚める様子はなかった。2人で介助し，静かに車椅子に乗せて居室のベッドに誘導した。1時間後に様子を見て対応について判断することにした。

[解説]

　この記録（上記，悪い例）からは，食事の時間になったため，眠りから覚めていないにもかかわらず無理に食事をさせていることがうかがわれます。これは記録以前の問題です。誤嚥により誤嚥性肺炎や窒息など重大な事故を起こしかねません。この施設・事業所や職員の姿勢が問われることはいうまでもありません。

　利用者のなかには，朝食のため食堂に来ても眠気を催し，うとうとしたり，うつらうつらの状態の人もいます。

　このような利用者には職員が声をかけて，眼を開けるなどの反応があり，食べる意思を表した場合は，介助をしながら朝食を取ることも考えられます。しかし，職員が声をかけても眼を開けないなど反応がない場合は，利用者が目覚めるのを待たなければなりません。

 居眠りしている利用者に食事の時間だからといって無理に食べさせることで，窒息などにより死に至ることもあります。また，食べている途中で眠ってしまったり，反応が鈍くなった利用者については，①体調の変化，②食事に伴う過度の低血圧（食後低血圧），③肺炎などの感染症が隠れている場合（無症候性肺炎）などが考えられるため，看護師に連絡するなど慎重な対応（受診など）が必要です。

⑩ 終結の記録の書き方

　記録には，対応や処置を行った場合，この利用者の状態が終結するまで経過を記載しますが，終結の記録も忘れずに記載する必要があります。

　終結の記録の書き方の例を次に示します。

●終結の記録の書き方の例

項　目	終結の記録の書き方の例
ガーゼの除去	①腫_はれが見られなかったため，○○看護師の指示によりガーゼを除去した ②爛_{ただ}れが治っていたため，○○看護師の指示によりガーゼを除去した ③皮膚の症状が治ったので，○○看護師の指示によりガーゼを除去した ④○○看護師と一緒に傷口を確認したところ，出血が止まり乾燥していたのでガーゼを除去した ⑤○○看護師と一緒に患部を確認したところ，爛れが治ったためガーゼを除去した
冷(温)湿布の 中止 （れいおんしっぷ）	①○○看護師と一緒に患部を確認したところ，腫れが治ったため冷湿布の使用を中止した ②○○看護師と一緒に打撲した右前額部のこぶを確認したところ，こぶは見られないため冷湿布の使用を中止した
塗布の中止 （とふ）	①皮膚の症状が治ったので○○看護師の指示により△△の塗布を中止した ②皮膚の症状が治ったので○○看護師の指示により水虫の処置を中止した ③○○看護師と一緒にかゆみについて確認したところ，症状が治ったので△△軟膏_{なんこう}の塗布を中止した
冷却シートの除去	○○看護師の指示により前額部の冷却シート△△を除去した
服用の中止	・症状が治ったので○○看護師の指示により△△薬の服用を中止した
点眼の中止	・症状が治ったので○○看護師の指示により△△点眼を中止した
ギャッチアップ (ベッドの挙上)の中止	①○○看護師の指示によりギャッチアップを中止した ②○○看護師と一緒に嘔気などについて確認したところ，症状が治っていたのでギャッチアップを中止した

注意　某県の実地指導の際，「発熱に関する記録」について利用者の体温やそのときの様子，職員が対応したことについては詳細に書かれていましたが，その後この発熱がいつ治ったかについては記録していませんでした。

　そのため指導員から「この利用者は今も発熱が続いているのか」という質問を受けました。終結の記録もしっかりと書くことが大切です。

　例：検温すると36.1℃で，昨日より体温は下がった。顔色は普段と変わらなかった。○○看護師に報告した。

1章 介護記録とは

2章 記録のルール

3章 記録の書き方の基本と手順

4章 業務日誌・ケース記録の書き方

5章 生活場面別・状況別の記録の書き方

6章 認知症の各状態に対する記録の書き方のため

7章 ヒヤリハット・事故報告書の書き方

8章 より良い介護記録にするために

11 心や体の変化に関する記録のための観察ポイント

　介護業務では利用者への「観察」は必要不可欠です。職員が観察を行うことで，それぞれの利用者の「普段との違い」を見つけたり，気づいたりすることが大切です。その観察のポイントとして次に掲げた項目内容を確認し，利用者への声かけや会話などから心や体調の変化などを記録していきます。

　心身の状況によっては，バイタルサインの測定や医療職との連携を図ることが必要です。

●心や体の変化に関する記録のための観察ポイント

頭部	・頭髪の乱れ，汚れ，抜け毛，ブツブツした腫れ，発赤，斑点，においがあるか	皮膚	・熱，傷，腫れ，ブツブツした腫れ，ブヨブヨした腫れ，発赤，斑点，むくみ，乾燥，冷え(手足)，発汗があるか
顔	・表情はどうか(例：苦痛，不安，険しい，ぼんやりしている，元気がない) ・顔色はどうか(例：赤みをおびている，青白い) ・むくみがあるか	関節	・動き方がスムーズであるか ・痛み，腫れがあるか
眼	・充血，目やに，涙目，まぶたのむくみがあるか ・まぶしそうな様子(表情)があるか ・視力の状態はどうか	尿	・回数，量，色はどうか ・濁っていないか ・においがあるか
耳	・耳だれ，耳鳴り，耳垢があるか ・聴力の状態はどうか	便	・回数，量，色はどうか ・排便の状態はどうか(例：下痢，便秘) ・においがあるか
鼻	・鼻水，くしゃみがあるか ・においを感じることができるか	歩行	・自力で歩行できるか ・足のふらつきがあるか
口	・唇の色はどうか ・汚れ，爛れ，口臭，渇き(乾燥)があるか	言語 (しゃべり方)	・発声(声の大きさ)はどうか ・覇気のある話し方ができているか ・しゃべりづらさがあるか ・呂律がまわっていないか
歯	・虫歯，歯の欠損，歯のぐらつきがあるか ・義歯が適合しているか ・かむ力はどうか	身だしなみ	・衣類の乱れ，汚れがあるか ・適宜，着替えをしているか
のど	・飲み込み，呼吸の状態はどうか ・痛み，せき，痰，渇きがあるか	その他	・食欲があるか ・睡眠の状態，体重の変化はどうか
爪	・爪が伸びていないか ・爪の汚れ，ささくれがあるか		

⑫ 状態などの観察の記録の書き方（基礎編）

　状態などの観察の記録は，原則として，

①だれが（利用者）

②い　つ（日付・時刻）

③どこで（場所）

④何　を（行為など）

⑤どうしたのか〈職員との応答も含む〉（例：「利用者の状態の変化」「本人（利用者）からの訴え」「職員が利用者の状態などの観察を行った結果」「利用者の日々の生活やレクリエーション・クラブ活動の様子など」）

⑥対応，結果

を具体的にわかりやすく書いていきます。

　⑤の「どうしたのか」は，利用者に関して見たこと，聞いたことなどについて事実を正確に書き，推測や主観などの表現は避けます。書き方によっては，職員の単なる推測や主観などと受け取られてしまうこともあります（例外：「推測・推察による表現を併せて記録できる場合の書き方について」はp.40参照）。

　また，⑥では必要に応じて，職員の対応やそのときの利用者の様子（表情・言葉・動作）などを記録します。

　なお看護師，医師へ連絡をし，それに伴い指示があった場合は併せて記録します。

1 章 介護記録とは

2 章 記録のルール

3 章 記録の書き方の基本と手順

4 章 業務日誌・ケース記録の書き方

5 章 生活場面別・状況別の記録の書き方

6 章 給食事故が起きる前後の対応をどうするのか?

7 章 ヒヤリハット・事故報告書の書き方

8 章 より良い介護記録にするために

⑬ 状態などの観察の記録の書き方（手順編）

　状態などの観察の記録は，何よりも正確さが求められます。正確な記録にするための手順と考え方について2つの事例を示します。必要な項目に具体的な事実を記載していきます。

事例1

	記録の手順		事例
①	だれが(利用者)		利用者の氏名
②	い　つ(日付・時刻)		○月○日, 14：10
③	どこで(場所)		食堂で声をかけようと近寄ると
④	何　を(行為など)		
⑤	どうしたのか(職員との応答も含む)	利用者の状態の変化	右手甲に直径約2cmの赤い腫れが見られた
		本人(利用者)からの訴え	
		職員が利用者の状態などの観察を行った結果	「この腫れはどうしましたか，痛みはありますか」と尋ねたが，本人は「痛みはない，腫れはいつできたのかわからない」と答えた
		利用者の日々の生活やレクリエーション・クラブ活動の様子など	
		職員が気づいたこと	
⑥	職員の対応とその結果		○○看護師に知らせた。看護師の指示により冷湿布をした

　この事例は，職員が利用者の「腫れ」を見つけた場合の記録の書き方です。

①「だれが」は，利用者です。

②「いつ（日付・時刻)」は，○月○日，14時10分です。

③「どこで（場所)」は，食堂です。

⑤「どうしたのか」は，職員が利用者の状態の変化を見つけた記録です。

⑥「対応とその結果」は，○○看護師に知らせ，看護師の指示により職員が処置した記録です。

※この事例では④の「何を」に相当する記載内容はありません。

「赤い腫れが見られた」と「赤い腫れが認められた」の違い

ここでは「右手甲に直径約 2 cmの赤い腫れが見られた」という記録です。

事例における「赤い腫れが見られた」という表現ですが，これを「赤い腫れが認められた」と表現する場合があります。

> ㈠ 赤い腫れが**見られた**
> ㈡ 赤い腫れが**認められた**

「見られた」と「認められた」では，「認められた」は，ある根拠をもとに確認したことを表します。したがって「見られた」よりも確かな意味をもつ表現です。明確な根拠をもとに症状などを記載する場合は「認められた」が適しますが，状態観察の記録は事実に即して書きますので「見られた」が望ましい表現です。

「赤い腫れが見られた」と「赤い腫れを発見した」の違い

事例における「赤い腫れが見られた」という表現ですが，これを「発見した」と表現することも考えられます。

> ㈠ 赤い腫れが**見られた**
> ㈡ 赤い腫れを**発見した**

この場合「見られた」または「発見した」のどちらを書いても間違いではありません。

しかし，状態観察の記録で，「赤い腫れを発見した」と「赤い腫れが見られた」という表現では，受け止め方に差があります。「発見した」は，「見られた」と比較すると「何か変化があったのではないか」「普段と違ったことが起こったのではないか」と受け取られることもあります。家族の方が後日，この記録を読んだときに余計な心配をさせてしまうこともあります。

この場合は，「右手甲に直径約 2 cmの赤い腫れが見られた」が望ましい記録です。

「職員が利用者の状態などの観察を行った結果」の記録

事例では「『この腫れはどうしましたか，痛みはありますか』と尋ねたが，本人は『痛みはない，腫れはいつできたのかわからない』と答えた」という記録です。

職員が利用者の「腫れ」を見つけて「いつ」「どこで」できたのかわからなければ本人（利用者）に尋ねるしかありません。尋ねることは確認するための行為であるとともに，利用者と職員との大切なコミュニケーションでもあります。

そのため，ただ対応を行えばいいというものではなく，利用者のことを考えて聞

く姿勢が重要です。

　なお，利用者によっては尋ねても答えられない人，あるいは，職員からの問いかけに対して，その問いかけの意味がわからない人もいます。たとえば，意思伝達が困難な利用者や重度の認知症の利用者などです。職員は，聞いてもわからないとは思わずに，聞く姿勢が大切です。利用者が自ら訴えることができない場合は，利用者の表情や態度，動作，また，職員からの積極的な声かけや身ぶり，手ぶりなどから，利用者が何を訴えているのかを汲み取り，職員が観察したことを記録することになります（詳細はp.37〜p.39参照）。

　ここでは「この腫れはどうしましたか，痛みはありますか」と尋ねたが，本人は「痛みはない，腫れはいつできたのかわからない」と答えています。

「この腫れはどうしましたか」と「この腫れはどうかしましたか」の違い

　「この腫れはどうしましたか」という表現ですが，これ以外にも「この腫れはどうかしましたか」という表現を用いることも考えられます。

　　　㋑　この腫れはどうしましたか
　　　㋺　この腫れはどうかしましたか

　「どうしましたか」という表現は「どうしてできたのですか」という意味です。「どうかしましたか」という表現は「何をしたのですか」という利用者の行動を尋ねる言い方です。実際に何かしてできたのか，あるいは不可抗力でできたのかわかりません。そのため，この場合㋑の「どうしましたか」という尋ね方が適切です。

　また，この場合，職員がはっきりと「腫れ」を認識して尋ねているのですから「この腫れはどうかしましたか」という聞き方はしません。このような聞き方は無責任と受け取られてしまいます。他人事のような聞き方です。親身になってケアをしているということが伝わってきません。この「腫れ」は本来あってはならないため「どうしましたか」という尋ね方が適切です。傷なども，職員が明らかに「傷」と認識した場合は同様です。

　なお「どうかしましたか」という聞き方も，その状況によっては用いることがあります。たとえば「顔色が悪いようですが，どうかしましたか」「元気がないようですが，どうかしましたか」というような場合です。「どうか」は，はっきりしない様子を表す言葉です。職員が様子の変化に気づき原因，理由をつかみかねて問いかけている表現です。

　　　㋑　顔色が悪いようですがどうかしましたか
　　　㋺　元気がないようですがどうかしましたか

「尋ねたが」「尋ねると」「尋ねたところ」の使い分け

事例では，職員の問いかけは「（何々）と尋ねたが」という表現ですが，これ以外に「（何々）と尋ねると」や「（何々）と尋ねたところ」という言い方もあります。

> ㈠（何々）と尋ねた**が**
> ㈡（何々）と尋ねる**と**
> ㈢（何々）と尋ねた**ところ**

㈠の「（何々）と尋ねたが」の「が」は，「しかし」の意味でつながっています。聞いた内容に対して利用者から異なる返事を得た場合に用います。

㈡の「（何々）と尋ねると」の「と」の後は，「結果」や「問いかけへの回答」が示されます。たとえば，尋ねた結果として痛みの有無などの回答があった場合に用います。

㈢の「（何々）と尋ねたところ」は，「～としたとき」や「～した折」という意味です。たとえば，職員が「（何々）と尋ねたときに」「（何々）と尋ねた折に」と言い換えることができます。その後の文章は，①聞いた内容に対して利用者から異なる返事を得た場合や，②尋ねた結果として痛みの有無などの回答があった場合に応じて書くことになります。つまり㈢は，㈠と㈡の状況の両方に用いることができます。

「対応とその結果」の記録

次に，対応などの記録を書きます。ここでは「○○看護師に知らせた。看護師の指示により冷湿布をした」という記録です。

その後はこの利用者の腫れが治るまで状態などの経過を記録します。

	記録の手順		事例
①	だれが(利用者)		利用者の氏名
②	い　つ(日付・時刻)		○月○日，15：45
③	どこで(場所)		食堂で
④	何　を(行為など)		
⑤	どうしたのか(職員との応答も含む)	利用者の状態の変化	
		本人(利用者)からの訴え	本人から「椅子にぶつかったので左足が痛い」と訴えがあった。 痛いところを確認すると，本人は左足首外側を手でさすりながら「痛い」と言った
		職員が利用者の状態などの観察を行った結果	状態観察を行ったところ左足首外側に直径約1cmの浅い傷があり，極少量の血がにじんでいた。腫れなどは見られなかった
		利用者の日々の生活やレクリエーション・クラブ活動の様子など	
		職員が気づいたこと	
⑥	職員の対応とその結果		○○看護師に知らせ看護師が処置した

この事例は，利用者が職員に訴えた場合の記録の書き方です。

①「だれが」は，利用者です。

②「いつ（日付・時刻）」は，○月○日，15時45分です。

③「どこで（場所）」は，食堂です。

⑤「どうしたのか」は，利用者からの訴えに関する記録です。

⑥「対応とその結果」は，○○看護師に知らせ看護師が処置した記録です。

※この事例では④の「何を」に相当する記載内容はありません。

■「本人から」と「本人より」の違い

ここでは「本人から『椅子にぶつかったので左足が痛い』と訴えがあった」という記録です。

事例における「本人から……」という表現ですが，これを「本人より……」と表現する場合があります。

㈜の「から」も㈹の「より」も，ともに情報のでどころ・出発点を表わしています。㈹の「より」は比較を表す意味や古風な書き言葉のニュアンスを含んでいることから，現在では㈜の「本人から」の方が一般的な表現として用います。

■「本人（利用者）からの訴え」の記録

事例では「椅子にぶつかったので，左足が痛い」という訴えです。ここでは「左足」と痛い部位を表現していますが，「左足」だけでは漠然として不明確です。職員は利用者に尋ねたり，状態を観察したりして，利用者の痛い部位を出来るだけ明確に書きます。

たとえば「左足首の外側が痛い」というように痛い部位を明確に記録することによって，他の職員にも，この利用者の痛い部位が正確に伝わります。

参考

利用者の訴えに関する記録のしかたについて　p.35，36参照
利用者が自ら訴えることができない場合の記録のしかたについて　p.37~39参照

■「ぶつかった」と「ぶつけた」の違い

事例では「椅子にぶつかった」という表現ですが，「椅子にぶつけた」という言い方とは意味が異なります。

㈜の「ぶつかった」は 過去形です。現在形では「ぶつかる」です。「ぶつかる」とは物に突き当たる，出くわす，不意に遭遇するなどをいいます。

㈹の「ぶつけた」は過去形です。現在形では「ぶつける」です。「ぶつける」とは激しく打ち当てる，物に打ち当てるなど意図して相手に又は物にあたることをいいます。

㈜の「ぶつかった」は本人の意思とは関係なく「偶然にぶつかった」という意味があります。それに対して㈹の「ぶつけた」は，本人の「不注意でぶつけた」という意味があります。その気がなくても「偶然」にぶつかった（ぶつかる）。しかし自分に「不注意」があれば，ぶつけた（ぶつける）になります。

このような場合基本的には利用者の訴えた言葉をそのまま記録することになりま

1章 介護記録とは

2章 記録のルール

3章 記録の書き方の基本と手順

4章 業務日誌・ケース記録の書き方

5章 生活場面別・状況別の記録の書き方

6章 結局わかりやすい記録書き方とは何か

7章 ヒヤリハット・事故報告書の書き方

8章 より良い介護記録にするために

すが，利用者の「偶然」によるものなのか，「不注意」によるものなのかを確認する必要があります。

■「職員が利用者の状態などの観察を行った結果」の記録

事例では「状態観察を行ったところ左足首外側に直径約1cmの浅い傷があり，極少量の血がにじんでいた」「腫れなどは見られなかった」という記録です。

「状態観察を行ったところ」の「ところ」は，ひらがなで表します。

■「行うと」「行ったが」「行ったところ」の使い分け

事例では，「状態観察を行ったところ」という表現ですが，これ以外の表現としては「状態観察を行うと」や「状態観察を行ったが」という言い方もあります。

  (イ) 状態観察を行う**と**……見られた
  (ロ) 状態観察を行った**が**……見られなかった
  (ハ) 状態観察を行った**ところ**

(イ)の「状態観察を行う**と**」の「と」は，その後に「事実や結果」が示されます。たとえば，傷や腫れなどが見られた場合に用います。

(ロ)の「状態観察を行った**が**」の「が」は，「しかし」を意味します。観察した結果，予測と異なる場合に用います。たとえば，傷や腫れなどが見られなかった場合です。

(ハ)の「状態観察を行った**ところ**」は，(イ)と(ロ)の両方の状況に用いることができます。ここでは，(イ)と(ロ)を使い分けしないで「状態観察を行った**ところ**」を用いています。

■「見られなかった」と「見られず」の違い

事例では，「腫れなどは見られなかった」という表現ですが，これを「腫れなどは見られず」という表現にすることも考えられます。

  (イ) 見られなかった
  (ロ) 見られず

「見られず」は文語体の古い表現です。現在ではこのような表現はあまり用いられません。「見られなかった」が望ましい記録です。

■「対応とその結果」の記録

次に，対応などの記録を書きます。ここでは「○○看護師に知らせ看護師が処置した」という記録です。

その後はこの利用者の傷が治るまで状態などの経過を記録します。

14 状態などの観察の記録の書き方（事例編）

　状態などの観察の記録の中でも「痛みの有無」や「症状」などの記録については，応々にして「主観」的な表現になりがちです。職員は，このような表現にならないように心掛ける必要があります。「主観」とは，その人個人の感じ方，考え方（感想）をいいます。そこで，どういうものが「主観」的な表現になるのか，それを避けるにはどのようにすればよいかを次に示します。

「主観」的な表現①

 悪い例

 **良い例**

悪い例	良い例
	―事実の記録―
①左手首に腫れが見られた。 　痛みなし 　（または「……痛みはない」）	①・左手首に直径約2cmの腫れが見られた。痛みについて問いかけたところ，本人は「どこも痛くない」と答えた ・腫れている様子から痛みの有無について確認したところ，本人から「痛みはない」と返答があった
②右手甲に痛みあり 　（または「……痛みはある」 　「……痛みが強い」）	②・本人から「右手の甲が痛い」と訴えがあった ・痛みの有無について確認したところ，本人からは※「右手の甲に強い痛みがある」と返答があった

1章 介護記録とは

2章 記録のルール

3章 記録の書き方の基本と手順

4章 業務日誌・ケース記録の書き方

5章 生活場面別・状況別の記録の書き方

6章 利用者の家族に対応するにはどうするか

7章 ヒヤリハット・事故報告書の書き方

8章 より良い介護記録にするために

✕ 悪い例	◯ 良い例
③左殿部にかゆみあり	―事実の記録― ③・本人から「左のお尻がかゆい」と訴えがあった ・かゆみの有無について確認したところ, 本人から「左のお尻がかゆい」と返答があった
④外傷や腫れ, あざなどはない （または「……なし」）	④全身観察を行ったが, 外傷や腫れ, あざなどは発見できなかった

※利用者が職員から確認や問われた内容について, あえて強い気持ちを述べた場合は,「本人からは」と表現することがあります。

解説

　痛みの有無や症状などについては,「主観」的な記録と受け取られないようにするためには, だれが訴えているのかを明確にすることが必要です。本人（利用者）からの訴えであること, また, 職員が利用者の観察を行った結果であることを明確に記録します。

主観的表現②

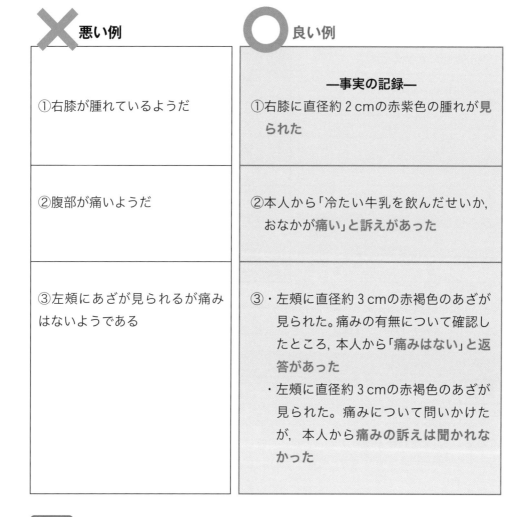

✕ 悪い例

①右膝が腫れているようだ

②腹部が痛いようだ

③左頬にあざが見られるが痛みはないようである

〇 良い例

―事実の記録―

①右膝に直径約2cmの赤紫色の腫れが見られた

②本人から「冷たい牛乳を飲んだせいか,おなかが痛い」と訴えがあった

③・左頬に直径約3cmの赤褐色のあざが見られた。痛みの有無について確認したところ,本人から「痛みはない」と返答があった
・左頬に直径約3cmの赤褐色のあざが見られた。痛みについて問いかけたが,本人から痛みの訴えは聞かれなかった

解説

　腫れなどの症状については,あいまいな表現は用いずに職員が利用者の観察を行った結果の事実を正確に書くことが必要です。

　また,本人(利用者)からの訴えの有無を明確に記録します。

「主観」的な表現③

悪い例	⭕ 良い例
①顔のむくみが気になる	—事実の記録— ① ・顔全体にむくみが**見られた** ・顔の左半面にむくみが**見られた**
②背中全体に赤い爛れがあり，たいへんであると思われる	②背中全体に赤い爛れが**見られた**

 解説

　主観を含んだ表現は，善意から発する場合が多いのですが，誤解につながることがあります。職員が利用者の状態観察などを行った結果，見たこと(観察したこと)，聞いたことの事実を正確に書きます。

> 注意1　利用者の様子に対して介助者の思いや感情を記録することはつつしむべきことです。記録は事実のみ記述していきます。

> 注意2 **「本人」の書き方**
> 　「本人は」「本人が」「本人から」「本人からは」という書き方は，記録上特定できる場合（たとえば，利用者の氏名が記載されている業務日誌・ケース記録）は，省略することができます。ただし，よりわかりやすい記録とするためには記載することもあります。

1章 介護記録とは
2章 記録のルール
3章 記録の書き方の基本と手順
4章 業務日誌・ケース記録の書き方
5章 生活場面別・状況別の記録の書き方
6章 誤りのない記録にするための書きかた
7章 ヒヤリハット・事故報告書の書き方
8章 より良い介護記録にするために

第 **4** 章

業務日誌・ケース記録の書き方

① 業務日誌の書き方（実践編）

　業務日誌は，各利用者の介護経過を交替勤務者や他職種へ申し送るために記録するものです。利用者の状態の変化，訴えや職員が行ったケア（介護，支援）の内容など必要な情報（申し送り事項）を的確に要点をおさえて記録し，日勤者から夜勤者へ，夜勤者から日勤者へ申し送りします。

　この申し送り事項は，利用者のケアに関する重要な情報を職員間（他職種も含む）で共有することにより，利用者一人ひとりの状態や状況に応じたケアを組織的に継続して行うためのものです。

　また業務日誌は施設・事業所によっては「介護日誌」「日・夜勤日誌」とも呼ばれ，
・その日の利用者の全体の状況（在籍者，入所・退所者，入院・退院者，外泊者，通院者等の人数）
・今日の出来事（例：入浴介助，散髪，クラブ活動〈絵画〉）
・来訪者名（例：△△様の家族〈長女夫婦〉，○○福祉大学からの施設見学）
・特記事項〈備考〉（利用者に関することを記載「例：インフルエンザが流行しているのでうがいや手洗いを励行してください」，職員に関することを記載「例：△△委員会（15：00）」）
などを記載します。

業務日誌に記載する主な内容

● 利用者の心や体の変化
　・利用者の状態の変化
　・利用者からの訴え
● 職員が行ったケア（介護，支援）の内容およびそのときの利用者の様子（表情・言葉・動作）
● そのほか申し送りが必要な事項（例：引き続き経過観察・様子観察を必要とする事項）
● 事故やトラブル（事件）

1 章 介護記録とは

2 章 記録のルール

3 章 記録の書き方の基本と手順

4 章 業務日誌・ケース記録の書き方

5 章 生活場面別・状況別の記録の書き方

6 章 ご家族の記入に対する必要な書きとめかた

7 章 ヒヤリハット・事故報告書の書き方

8 章 より良い介護記録にするために

注意 **継続した記録！　一定期間繰り返し記載する！**

　　利用者の状態の変化や訴えについては，その症状や訴えが治まるまで経過を申し送るため，その日以降も業務日誌に記録します。また症状や訴えがいつ治まったのか終結の記録も必要です（詳細はp.48参照）。

　　なお，全職員に周知したい重要な連絡事項については，数日間繰り返し記載することが大切です。

◎文例

業務日誌①〈日勤〉

○年4月2日

ケアの状況・申し送り事項		
利用者名	**項目**	**内　　　容**
春乃 さくら 様	体調の訴え	15:40　食堂でテーブルに顔を伏せていたので「どうしましたか」と声をかけると，本人から顔をしかめながら「体がだるい」と訴えがあった。○○看護師に知らせた。看護師の指示により，車椅子に乗せて居室に誘導しベッドに臥床して安静にした。 BP145/83, P82, BT35.8℃　「様子を観察するように」看護師から指示があった。 16:50　居室に行くと本人から「だるさがなくなり，気分はよくなった」と話があった。顔色は普段と変わらなかった。 BP127/68, P70, BT35.4℃　○○看護師に報告した。「明日の朝まで念のため様子を観察するように」指示があった。
夏野 向日葵 様	傷	17:15　食堂で声をかけようと近寄ると右前腕部外側に約3×2cmのかすり傷のようなものがあり，極少量の血がにじんでいた。「この傷はどうしましたか，痛みはありますか」と尋ねるが，「わからない。痛みはない」と答えた。○○看護師に知らせ看護師が処置した。 BP125/70, P71, BT35.1℃　「痛みなどについて経過を観察するように」看護師から指示があった。

　「利用者 春乃 さくら様」は，念のために様子を観察するよう，次の勤務帯の者へ申し送ることになります。

　「利用者 夏野 向日葵様」については，痛みなどについての経過を観察するため，次の勤務帯の者へ申し送ることになります。

1　業務日誌の書き方（実践編）　　65

業務日誌② 〈夜勤〉

○年4月2～3日

利用者名	項目	内　　容
		ケアの状況・申し送り事項
春乃 さくら 様	体調に関する経過	17:50　夕食前に居室で体の具合について尋ねると,「今は何ともない,大丈夫」と答えた。夕食は居室で主食・副食ともに全量摂取した。 21:00　就寝前,居室で「気分はどうですか」と声をかけたが,本人から不快感の訴えは聞かれなかった。 BP125/69, P69, BT35.5℃ 夜間は,いずれの巡回時にも眠っており,特に変わった様子は見られなかった。23:15, 1:10の巡回時には,ベッドでスースーと寝息を立てながら眠っていた。 6:30　起床時,居室で「気分はどうですか」と尋ねると,「ぐっすり眠れた,気分爽快」と返答があった。 BP121/70, P69, BT35.3℃
夏野 向日葵 様	傷に関する経過	21:10　就寝前,居室で「痛みはありませんか」と声をかけるが,本人から痛みの訴えは聞かれなかった。 夜間は,いずれの巡回時にも眠っており,特に変わった様子は見られなかった。1:20の巡回時には,ベッドでグウグウといびきをかきながら眠っていた。 6:40　起床時にも居室で患部の痛みなどについて尋ねたが,「痛くない」と答えた。
秋乃 稲穂 様	傷	4:10　居室でおむつ交換時に右殿部に約2×2cmのすり傷のようなものがあり,極少量の血がにじんでいた。 本人に痛みについて尋ねるが,「痛みはない」と話した。傷口を拭き,ガーゼ付絆創膏を貼った。

　「利用者 春乃 さくら 様」は,「体がだるい」という訴えがなくなったため,これにかかわる記録は,明日の朝,看護師に報告後,業務日誌〈日勤〉から,はずれることになります。

　「利用者 夏野 向日葵 様」については,「傷」などに関する経過記録です。この「傷」が治るまで引き続き,次の勤務帯の者へ申し送ることになります。

　「利用者 秋乃 稲穂 様」については,夜間看護職員がいないため介護職員が対応したものです。「傷口を拭き,ガーゼ付絆創膏を貼った」は,介護職員が行うことができる,医療行為ではない「軽微な切り傷・擦り傷などの処置」です。

業務日誌③〈日勤〉

1章 介護記録とは
2章 記録のルール
3章 記録の書き方の基本と手順
4章 業務日誌・ケース記録の書き方
5章 生活場面別・状況別の記録の書き方
6章 利用者の症状に応じた記録の書き方
7章 ヒヤリハット・事故報告書の書き方
8章 より良い介護記録にするために

○年4月3日

ケアの状況・申し送り事項		
利用者名	項目	内　　容
夏野 向日葵 様	傷に関する経過	10:10　○○看護師の指示により居室で右前腕部外側を保護していたガーゼを取り除き,傷口を確認した。傷の状態は血がにじんでいたため看護師に報告し,看護師が処置した。 日中は本人から痛みなどの訴えは聞かれなかった。
秋野 紅葉 様	かゆみの訴え	11:45　昼食前,居室で本人から「左のお尻がかゆい」と訴えがあった。状態観察を行ったところ腫れや発赤などは見られなかったが,左殿部に約4×4cmの浅いかき傷のようなものが見られた。○○看護師に知らせ看護師が処置した。「おむつ交換および体位変換の際は,表皮をこれ以上傷つけないように注意してください」と看護師から指示があった。
冬乃 木枯 様	食事時の対応	12:00　食堂で昼食中,主食・副食ともに1/4摂取したところから飲み込むのに時間がかかるようになった。「よく噛んで食べてください」と声をかけたり,水分をとるように勧めると主食・副食ともに$\frac{3}{4}$摂取することができた。食事時に,飲み込むのが十分できない場合は,水分の摂取を勧め,ゆっくりと食べるように声をかけて様子を見てください。
秋乃 稲穂 様	傷に関する経過	7:30　○○看護師に報告した。居室で看護師から「傷口を確認したところ,出血は止まっているが様子を観察するように」と指示があった。 日中は本人から痛みの訴えは聞かれなかった。 15:45　居室で○○看護師と一緒に傷口を確認したところ,出血はなく,乾燥していたので,ガーゼ付絆創膏を除去した。看護師から「様子観察を終了する」と指示があった。

　「利用者 夏野 向日葵様」は,前日の「傷」などに関する経過記録です。引き続き次の勤務帯の者へ申し送ることになります。なお,その後ガーゼが不要になった場合には,終結の記録（例:「○○看護師と一緒に傷口を確認したところ,出血が止まり乾燥していたのでガーゼを除去した」）が必要です（詳細はp.48「終結の記録の書き方」参照）。

　「利用者 秋野 紅葉様」は,左殿部にかゆみを訴えています。おむつ交換および体位変換時の注意事項も含め,次の勤務帯の者へ申し送ることになります。

　「利用者 冬乃 木枯様」については,食事時の対応や工夫について記録しています。食事時の工夫などは,次の勤務帯の者へ申し送ることになります。

「利用者 秋乃 稲穂様」については，「傷」に関する経過記録と様子観察終了までの記録です。

1章 介護記録とは

2章 記録のルール

3章 記録の書き方の基本と手順

❹章 業務日誌・ケース記録の書き方

5章 生活場面別・状況別の記録の書き方

6章 細かな気づかいを記録する方法を身につけた

7章 ヒヤリハット・事故報告書の書き方

8章 より良い介護記録にするために

② 業務日誌の書き方（事例編）

事例 1：食事（特養・ショートステイ）

 悪い例

ケアの状況・申し送り事項		
利用者名	項目	内　容
○○	食事	18:10　夕食進まず，数口摂取

解説

● 「夕食進まず，数口摂取」では，なぜ進まなかったのか，数口摂取なのかわかりません。利用者のそのときの状況や様子，発した言葉などを具体的に記録します。

○ 良い例

18：10　食堂で夕食中，主食・副食ともに2口食べたところで食事が進まなくなり，その後，手をつけようとしなかった。体の具合でも悪いのか尋ねたところ，本人から「昼間次女が来た。そのとき持ってきたまんじゅうがこたえている」と話したため食事を中断した。1時間ほど様子を見て食欲があれば食事を勧めることにした。

事例 2：入浴（特養・ショートステイ）

✕ 悪い例

ケアの状況・申し送り事項		
利用者名	項目	内　容
○○	入浴	10:30　入浴は中止

解説

● なぜ入浴を中止したのか，その理由を具体的に記録します。また職員が行った対応についても記録します。

○ 良い例

9：40　食堂で顔色が赤らんでいたため検温すると体温は37.4℃あった。咳や鼻水などは見られなかった。○○看護師と相談した結果，入浴は中止した。入浴は本人の同意を得て明日に延期することにした。看護師の指示により居室に誘導し水分△△150mLを補給し臥床を勧め安静にした。

事例 3：睡眠の様子（特養・ショートステイ）

 悪い例

ケアの状況・申し送り事項		
利用者名	項目	内　　　容
○○	睡眠の様子	夜間帯閉眼

解説

● 「閉眼」とは「眼を閉じること。すなわち死ぬこと」を意味するため，不適切な表現です。ここでは利用者の睡眠の様子について目にしたこと（観察したこと），耳にしたことを具体的に記録します。

良い例

「昨日の夜間はほとんど寝ていない」と申し送りを受けたため夜間の様子を観察した。21：00，23：05，1：15，3：05，5：10，夜間の巡回時にはいずれも起きることなく眠っていた。1：15の巡回時には，ベッドで小声で「ブツブツ」とうわごとを言いながら眠っていた。

事例 4：水ぶくれ・発熱 （ショートステイ）

 悪い例

ケアの状況・申し送り事項		
利用者名	項目	内　　容
○○	水ぶくれ	10:25　入所に際して居室で全身観察を行ったところ，腹部と左大腿部の付け根の2か所に水ぶくれが見られた。「水ぶくれが破れたなど，変化があった場合は知らせてください」と○○看護師から指示があった。
○○	発熱	20:40　着替えの介助をするため居室に行くと，ベッドに横になっていたが顔全体が赤みをおびていた。前額部に触れると熱感があり，検温すると体温は37.6℃あった。声をかけると「大丈夫」と答え，しっかりとした反応であった。○○看護師に電話し状況を報告した。看護師の指示により水分□□を150mL補給し前額部に冷却シート△△を貼った。家族にも知らせるように指示があったため，○○職員が20時50分に家族（長女）に連絡をした。家族からは「本人は受診しないが，薬は持参する」と話があった。

解説

● 2か所の水ぶくれは，施設内でできたのか，あるいは自宅でなのかを明確に記録します。また，水ぶくれの大きさなども具体的に記録します。

○ **良い例**

> 入所時から，腹部と左大腿部の付け根の2か所に，直径約3～10mmの水ぶくれが数個見られた。入所前から水ぶくれがあることを入所に立ち会った長女から確認した。

● いつ，どのような方法で職員が家族に連絡したのか，薬はどんな薬を，だれが，いつ持参するのかなどを記録します。

○ **良い例**

> 20:50　○○職員が長女に電話で連絡をした。長女は「3日前に医師から処方された解熱剤があるので，受診せずに様子を見たい。解熱剤は，これから持参する」と説明があった。

1章　介護記録とは
2章　記録のルール
3章　記録の書き方の基本と手順
4章　業務日誌・ケース記録の書き方
5章　生活場面別・状況別の記録の書き方
6章　利用者の家族に対応誤解を与えないルール
7章　ヒヤリハット・事故報告書の書き方
8章　より良い介護記録にするために

③ ケース記録の書き方（実践編）

　ケース記録は，利用者の生活状況や活動状況などを具体的に記録するものです。また，利用者に状態の変化があった場合は，その状態の変化，訴え，職員が行ったケア（介護，支援）の内容や家族との会話を含め，詳細に記録します。

　なお，ケース記録は，業務日誌（介護日誌，日・夜勤日誌）と異なり，利用者別に時間の経過がわかるように時系列で記録します。

　ケース記録は，施設・事業所によっては「経過記録」「生活記録」とも呼ばれています。

ケース記録に記載する主な内容

●利用者の生活状況や活動状況（表情・精神面も含む）
　・日々の生活の様子や外出などの行動の様子
　・レクリエーション・クラブ活動・行事などの様子
　・家族が面会したときの様子
　・利用者の希望や家族からの要望
●ケアプランに基づいたサービス内容について，職員が行ったケアの内容およびそのときの利用者の様子（表情・言葉・動作）
●利用者のできること，できないこと
●利用者の心や体の変化（例：利用者の状態の変化や訴え）
●職員が行ったケアの内容およびそのときの利用者の様子
●ケアにつながる会話の内容（例：職員が声かけした内容や利用者の返答）
●職員が「気づいたこと」
●事故やトラブル（事件）
注　ケース記録では，特に「利用者の心や体の変化」「職員が行ったケアの内容およびそのときの利用者の様子」「事故やトラブル」の内容については詳細に記載します。ただし，申し送りする必要がある事項は「業務日誌」へ記載します。

参考

職員の気づきとは

　職員は日頃から利用者の生活の様子や身体の状態を詳細に把握していることから，心や体の小さな変化にも敏感に気づくことができます。利用者とのコミュニケーションを通してわずかな変化も見逃さない観察眼が求められます。「何気ない言動」や「日頃と異なるわずかな変化」も見逃さない観察眼が必要です。①どのような表情か，②どのような言動か，③身体はどのような状態か，など利用者の様子や言動を観察して気づいたことを具体的に記載していきます。

1章 介護記録とは

2章 記録のルール

3章 記録の書き方の基本と手順

4章 業務日誌・ケース記録の書き方

5章 生活場面別・状況別の記録の書き方

6章 □□状に対する記録の書き方○△られ方

7章 ヒヤリハット・事故報告書の書き方

8章 より良い介護記録にするために

 注意

より良いケアをするための記録

　利用者の日々の生活，外出などの行動，レクリエーション・クラブ活動・行事などの様子の記録は，ただ単に記載すればよいというものではありません。「ケアに必要な情報」「利用者の支援につながる情報」でなければなりません。

　そのためには，「ケアプラン（援助の目標とサービス内容）に基づいた情報[※]」「利用者の普段の様子との違いや，新たな面の発見」「職員間で共有すべき情報」などを意識して記載していく必要があります。

　たとえ利用者の日々の様子などを書いたとしても，これらの視点が欠けていては十分な役割を果たす記録とはいえません。

[※]「ケアプランに基づいた情報」の具体的な書き方については「ケアプランに基づいた記録の書き方」p.31参照。

事故やトラブルの場合

　事故やトラブル（事件）が起きた場合は，その詳細な内容については，「ケース記録」へ記載しますが，「事故」については別添の「事故報告書」にも記録する必要があります。

　なお，事故の内容によっては「事故報告書」および「再発防止計画書」を都道府県に提出することになります。

文例 1：食事（特養）

 良い例

利用者名　○○○○様

年月日	項目	利用者の様子・言葉・対応	記録者名
○年3月5日	食事	18:00　食堂で食事中右手で箸を持ち主食（軟食）は口の中に運ぶことができたが，刻み食である副食は今日の昼食時と同様にうまくはさむことができず，テーブルや膝掛にこぼすことがあった。 本人は少し困ったような表情を見せたので，スプーンを使うことを勧めると，スムーズに口へ運ぶことができた。本人は「スプーンのほうが食べやすい」と言い笑みが見られた。	○○

解説

● 「自分から箸を持ち主食を口の中に運ぶこと」「刻み食である副食は，箸ではさめなかったこと」「スプーンを使って，スムーズに口へ運ぶこと」という，利用者のできること，できないことが記録されています。

文例 2：入浴（特養）

良い例

利用者名　○○○○様

年月日	項目	利用者の様子・言葉・対応	記録者名
○年4月10日	入浴の申し出	8:40　朝食後，食堂で本人から「腰の痛みはなくなってきたので，今日は入浴したい」と申し出があった。	
	入浴	10:00　入浴した。本人は「とてもさっぱりした。やはり入浴は気持ちがいい」と喜んで話した。久しぶりの入浴のためか，今日は普段より３分程長く浴槽につかっていた。表情も良く元気な様子であった。入浴後は「腰の痛みはなくなった」とすっきりした表情で話していた。	○○

解説

● 普段の入浴中の様子との違いや職員の気づいたことが記録されています。

文例 3：日中の様子 （特養）

 良い例

利用者名 ○○○○様

年月日	項目	利用者の様子・言葉・対応	記録者名
○年5月12日	日中の様子	13:50 居室に洗濯物を届けると，いつものように本人は合掌しながら「ありがとう」と言った。下着類をとまどいながらも自分で選別したんすへ収納した。本人は「近頃は素早くできない，情けない」と言ったため「上手に選別できてますよ」と伝えると目を細め嬉しそうな表情が見られた。	○○

解説

● 「ありがとう」と発した言葉やそのときの様子，職員との会話の内容が記録されています。

文例 4：日中の様子 （特養）

 良い例

利用者名 ○○○○様

年月日	項目	利用者の様子・言葉・対応	記録者名
○年6月17日	外出	14:30 △△スーパーマーケットへ買物に行き，運動靴を購入した。帰りのバスの中では，周りの利用者や職員に「とても気に入った」と繰り返し話し，何度も靴をながめていた。	
	外出での歩行状況（ケアプラン）	外出中は介助を必要とすることなく，一人でもしっかりとした足取りで歩いていた。10分ほど歩いたが疲れた様子も見られなかった。本人は「外に出ると気分がいい」と喜んで話した。	○○

解説

● 「介助を必要とすることなく，一人でもしっかりとした足取りで歩いていた」と利用者のできることが記録されています。

注意

ケアプランのサービス内容を実施した場合は，項目欄に表題とともに「（ケアプラン）」と書きます。

1章 介護記録とは
2章 記録のルール
3章 記録の書き方の基本と手順
4章 業務日誌・ケース記録の書き方
5章 生活場面別・状況別の記録の書き方
6章 ……
7章 ヒヤリハット・事故報告書の書き方
8章 より良い介護記録にするために

文例 5：車椅子への移乗 （特養・ショートステイ）

 良い例

利用者名　○○○○様

年月日	項目	利用者の様子・言葉・対応	記録者名
○年 7月3日	車椅子 への移乗 （ケアプ ラン）	14:20　居室でベッドから車椅子へ移乗することを伝え，本人は同意した。離床介助後，端座位での安定を確認した。本人に右手を伸ばしてベッドバーをつかむように導き，自力でバーをつかみ，その後右足に力を入れるように声をかけながら立位介助をした。立位の姿勢の安定を確認し，体幹部を支えながら本人が健側の足を軸にして向きを変え車椅子へ移乗した。	○○

解説

●「右手を伸ばしてベッドバーをつかむこと」「右足に力を入れること」「健側の足を軸にして向きを変えること」など利用者のできることが記録されています。

注意

ケアプランのサービス内容を実施した場合は，項目欄に表題とともに「（ケアプラン）」と書きます。

文例 6：日中の様子（ショートステイ）

 良い例

利用者名　○○○○様

年月日	項目	利用者の様子・言葉・対応	記録者名
○年 7月 15日	レクリエーション （ケアプラン）	14:30　食堂で前日に面会のあった家族のことを隣の席の利用者と親しそうに話しながら粘土細工の準備を行っていた。 作業中は手を休めることなく真剣な表情で最後まで取り組んでいた。施設に入所した日から昨日の朝まで幾度も「家に帰りたい」と訴えていたが，家族と面会し，精神的に落ち着いたことによるものと思われる。	○○
○年 8月 20日	日中の様子	9:30　食堂でテーブルを囲み2～3人の利用者に気さくに話しかけていた。家族の話になると，急に大きな声で「今日は日曜日なのに迎えに来てくれない」と涙を流し始めた。「今日は土曜日です。明日の午前中にはいらっしゃるとのお話をうかがっています」と伝えると，安心した表情を見せ涙も治まった。	○○

解説

●精神的に落ち着いた理由について職員が推察したものです。

●利用者の様子の変化について記録しています。

1章　介護記録とは
2章　記録のルール
3章　記録の書き方の基本と手順
4章　業務日誌・ケース記録の書き方
5章　生活場面別，状況別の記録の書き方
6章　弱めのサービスごとに必要とされる記録のしかた
7章　ヒヤリハット・事故報告書の書き方
8章　より良い介護記録にするために

文例 7 : 日中の様子 （デイサービス）

 良い例

利用者名　○○○○様

年月日	項目	利用者の様子・言葉・対応	記録者名
○年8月30日	送迎歩行状況（ケアプラン）	9:30　来所した。 9:35　施設に着くと, 本人から「今日は調子が良い, 車椅子を使わずに一人で歩ける」と話しかけてきた。日中は, 本人が言ったとおり, 車椅子を使用せずに施設内を一人でしっかりとした足取りで歩いていた。1週間前までは「右足が痛くて歩けない」と言って, 右足を引きずりながら歩き, 車椅子も使用していたが, 今日は一度も車椅子を使用することはなかった。	○○
○年10月5日	レクリエーション（ケアプラン）	14:00　折り紙の時間, はじめのうちは職員の説明に興味を示し, 手を動かしていたが, 途中本人が「思うようにできない, もうやめたい」と突然言い出した。「上手にできています」と声をかけると嬉しそうに笑みを浮かべながら頷いていた。終わりごろには自分の折り紙を数枚差し出し「うまくできたでしょう」と笑顔の中にも自信ありげな表情で周りの利用者や職員に見せていた。	○○
○年11月20日	昼食時の状況	12:00　昼食の時間, いつもは箸を使って食べていたが今日は一度も箸を使わずにスプーンで食べていた。声をかけると, 本人は「昨日, たんすの引き出しに指を挟んでしまったので, このほうが食べやすい」と話した。挟まれた右手人さし指を見ると, 腫れや挟まれた痕もなく, 本人も「痛みは薄らいでいる」と話していたので, スプーンの使用は一時的なものと思われる。	○○

解説

●利用者の歩行状態について1週間前との違いが記録されています。

●利用者の表情について記録されています。

参考

レクリエーションやクラブ活動などでの利用者の様子や発した言葉, 職員が声かけした内容などを記録に残すことで, 利用者の状態を把握し, その後の対応に活かすことができます。

●利用者の普段の様子との違いや職員の気づいたことが記録されています。

●利用者の話や状態観察をもとに職員が推察したものです。

<table>
<tr><td>1 章 介護記録とは</td></tr>
<tr><td>2 章 記録のルール</td></tr>
<tr><td>3 章 記録の書き方の基本と手順</td></tr>
<tr><td>4 章 業務日誌・ケース記録の書き方</td></tr>
<tr><td>5 章 生活場面別・状況別の記録の書き方</td></tr>
<tr><td>6 章 対応の難しい人の記録の書き方と対応方法</td></tr>
<tr><td>7 章 ヒヤリハット・事故報告書の書き方</td></tr>
<tr><td>8 章 より良い介護記録にするために</td></tr>
</table>

④ ケース記録の書き方（事例編）

事例 1：転倒（特養・ショートステイ）

 悪い例

利用者名　○○○○様

年月日	項目	利用者の様子・言葉・対応	記録者名
○年6月3日	転倒	17：40　食堂で転倒，看護師に知らせた。	○○

解説

●「食堂で転倒，看護師に知らせた」だけでは，利用者がどのような状況で転倒したのかわかりません。この場合は「利用者がどのような状況で倒れたのか」「利用者のそのときの状態はどうであったのか」「職員がどのような対応を行ったのか」「対応後の利用者の様子（表情・言葉・動作）はどうであったのか」など，事実を正確に記録します。

○ **良い例**

17：40　食堂入口で「あっ」という大きな声が聞こえたので振り向くと，床に右側臥位状態で倒れた。その際，右手を床についたため頭部は打たなかった。すぐに近寄って「大丈夫ですか，どこか痛いところはありませんか」と尋ねると「ふらついてしまった，右足と右手が痛い」と訴えた。意識ははっきりしており，気分が悪くないことを確認し○○看護師に知らせて状況を説明した。看護師と一緒に全身観察を行ったところ，右膝に直径約1cmの浅い傷があり，極少量の血がにじんでいた。腫れやあざ，内出血のような痕などは見られなかった。四肢の関節可動域に異常はなかった。看護師と2人で介助して近くの椅子に誘導した。本人は「右手は動かせるので大丈夫」と話した。看護師が処置した。BP128/69，P70，BT36.7℃
痛みや腫れ，あざなどについての経過を観察するように看護師から指示があった。
「転倒の状況や看護師からの指示内容」などについて施設長に報告した。

転倒，転落したときの観察・確認項目

　職員は利用者に声をかけながら全身を観察します。この際必要に応じて利用者の身体の各部位に触れ，声をかけながら痛みなどの有無を確認します。

①痛みの訴えはないか

②ぶつけたところはないか

③出血や傷，腫れ，あざ，内出血のような痕などはないか

④しびれなどはないか

⑤症状やぶつけた部位はどこか

⑥意識状態やバイタルサインはどうか

　（顔色，表情，精神状態，声かけに対する反応も含む）

⑦四肢の関節可動域はどうか

 看護師との連携

　転倒，転落した場合は日中であれば看護師，夜間看護師がいないときは，他の職員を呼び複数の職員で対応することが大事です。

　また夜間であっても看護師に知らせることが必要ですが，状況によっては救急車を要請したほうがよいかどうかの判断が求められる場合があります。

 経過観察の記録

　高齢の利用者が転倒や打撲をした場合，その時点で痛みの訴えや腫れ，あざ，内出血などが皮膚の表面に見えなくても，時間の経過した後に症状が現れることもあります。このため，その後の経過観察の記録は，そのつど事実を正確に記載する必要があります。

家族への連絡，説明

　家族への連絡や説明は「ケース記録」に書く必要がありますが，その際職員（看護職も含む）がどのような説明をしたかだけでなく，それに対して家族はどんな発言や反応があったかなども詳しく記録に残すことが大事です。

事例2：入所（ショートステイ）

 悪い例

利用者名　○○○○様

年月日	項目	利用者の様子・言葉・対応	記録者名
○年2月3日	入所	10:15　入所, ADL前回同様, BP107/68, P81, BT36.9℃, △△内服薬朝・夕4日分持参。	○○

解説

● 「ADL（activities of daily living, 日常生活動作）前回同様」ではなく, 前回とは, いつなのか年月日を正確に記録します。バイタルサイン以外にも入所時の利用者の表情, 顔色, 内服薬は, いつ服用するのかについても記録します。
また, 日常生活において福祉用具などの使用の有無についても記録します。

 良い例

10:15　ADLについては△年○月○日の入所時と変わりなかった。表情は穏やかで顔色は普段と変わらなかった。BP107/68, P81, BT36.9℃
△△内服薬は朝・夕4日分と予備に1パック持参した。朝・夕とも食後に服用する。日常生活において歩行時には杖（つえ）を使用する。
長男からは「○月○日午前△時に迎えに行く」と話があった。

1章 介護記録とは
2章 記録のルール
3章 記録の書き方の基本と手順
4章 業務日誌・ケース記録の書き方
5章 生活場面別・状況別の記録の書き方
6章 利用者の状況に対応した書き方のヒント
7章 ヒヤリハット・事故報告書の書き方
8章 より良い介護記録にするために

事例 3：あざ（デイサービス）

✖ 悪い例

利用者名　○○○○様

年月日	項目	利用者の様子・言葉・対応	記録者名
○年6月2日	あざ	9:30　来所した。右頬に直径約3cmの赤褐色のあざが見られた。自宅でぶつけたもよう。	○○

[解説]

　「自宅でぶつけたもよう」という表現はあいまいです。見かたによっては，施設（事業所）内で「あざ」をつくったのではないか，ということになってしまいます。記録があいまいだと，後日家族から施設（事業所）内でつくった「あざ」だと言われても説明できない恐れがあります。

　朝迎えに行ったとき，利用者の右頬に「あざ」を見つけたならば，「このあざはどうしましたか」と尋ねることもデイサービス担当職員としての仕事の一つです。

　さらに，場合によっては，「治療の状況」についても確認する必要があります。「あざ」の原因や，いつできたのか日付などを確認し明確に記録します。利用者に尋ねることは，確認するための行為であるとともに，利用者と職員との大切なコミュニケーションともなります。

　また，施設（事業所）へ来て利用者が痛みを訴えていたら家族に連絡する必要もあります。

⭕ 良い例

9:15　朝迎えに行くと，右頬に直径約3cm の赤褐色のあざが見られた。「このあざは，どうしましたか」と尋ねると，本人は「2〜3日前に自宅の寝室でつまずき，その際たんすにぶつけた」と答えた。次女は「痛みも治まり病院での治療は昨日で終わった」と言っていた。

事例4：入浴，洗髪の中止 (デイサービス)

 悪い例

利用者名　○○○○様

年月日	項目	利用者の様子・言葉・対応	記録者名
○年 12月 1日	入浴	10:00　入浴さっと	○○
○年 12月 20日	送迎 洗髪の 中止	9:10　来所した。 9:30　自宅から施設へ電話があり4〜5日前に頭に「おでき」ができ，まだ治りかけている途中なので，入浴時は洗髪しなくてよいと言っていた。	○○

解説

●「入浴さっと」では意味が不明です。「さっと」という意味は「すばやく行う」ということです。この場合「さっと入浴した」という表現であれば利用者が短時間で入浴をすませたという意味になります。しかし，この記録だけでは，体を洗うことなく湯船に短時間つかって出たのか，体を洗ったが特に湯船につかることなく出たのかなど，「さっと」の意味が利用者の具体的な様子や状況としてわかりません。また，入浴を短時間ですませた理由が不明です。

●だれが入浴時洗髪しなくてよいと言っているのか不明です。

○ 良い例

9時30分に長男の嫁から施設へ電話があり，「母が4〜5日前，自宅で後頭部に『おでき』ができ，治りかけているが，まだ完治していないので入浴時には洗髪しないでほしい」と要望があった。

○ 良い例

10:00　入浴時，湯船に入ろうとしたときにくしゃみと少量の鼻水があったため，入浴は短時間ですませた。寒くはないか問いかけたが，「寒くはない」と答えた。入浴後，検温したところ，体温は36.8℃で，顔色は普段と変わらなかった。○○看護師と相談の結果，本人の同意を得てベッドに誘導し，1時間ほど様子を見ることにした。
11:10　再び検温すると36.1℃だった。本人は「寒くはない，気分も悪くない」と話した。

1章　介護記録とは

2章　記録のルール

3章　記録の書き方の基本と手順

4章　業務日誌・ケース記録の書き方

5章　生活場面別・状況別の記録の書き方

6章　家族や他職種とする記録の書き方と活かし方

7章　ヒヤリハット・事故報告書の書き方

8章　より良い介護記録にするために

事例 5：貸出（デイサービス）

 悪い例

利用者名　○○○○様

年月日	項目	利用者の様子・言葉・対応	記録者名
○年7月10日	貸出	12：15　昼食時に上着が汚れたため，施設の上着を着用させた。本人には「次の利用日に上着を返却してください」と伝えると本人は「はい」と返答した。	○○

 解説

●なぜ汚れたのか理由が不明です。昼食時に「食べこぼしをしたため」「お茶をこぼしたため」等の理由を記入する必要があります。

●貸出しがあれば記録します。何を貸したのか返却日はいつなのかなど記録します。

● 良い例

12：15　昼食時に食べこぼし，上着が汚れたため，施設の上着を着用させた。*
本人には「次の利用日（○月○日）に上着を返却してください」と伝えると本人は「はい」と返答した。
家族との連絡帳にも上着を貸出した理由や返却について記載した。
＊「させた」の表現については，p.85またはp.146，参考，使役表現「させた」についてを参照のこと。

1 章 介護記録とは

2 章 記録のルール

3 章 記録の書き方の基本と手順

4 章 業務日誌・ケース記録の書き方

5 章 生活場面別・状況別の記録の書き方

6 章 ヒヤリ・ハット・事故報告書の書き方

7 章 より良い介護記録にするために

8 章

事例 6：帰宅時のおむつ着用 (デイサービス)

 悪い例

利用者名　○○○○様

年月日	項目	利用者の様子・言葉・対応	記録者名
○年8月20日	おむつ着用	16:10　便意 (−) おむつ (+) 帰宅	○○

解説

●「便意 (−) おむつ (+) 帰宅」では，利用者の便意がどうであったのか，帰宅の状況がどうであったのかがわかりません。利用者のそのときの状況や様子，職員が行った対応などについて具体的に記録します。また「+」「−」の記号はチェック表などで使用することはありますが，ケース記録や業務日誌には文章で書きます。

 良い例

16:10　帰りの時間になったためトイレに行くが排便はなかった。以前に複数回，帰りのバスの中で便意を催したため，本人の同意を得て紙おむつを着用してから帰宅させた。帰宅後，迎えに出た長女に紙おむつを着用していることを説明し，下着を返した。

参考

使役表現「させた」について

「させた」という表現は「意図的にそのようにさせた」という意味（使役表現）です。使役とは自分がするのではなく，人に何かをさせることです。「人にさせる」という意味が強くなると「一方的に」「無理やりに」指示，命令したということになります。使役には幅広い意味があります。記録に際して，単に「～させた」という表現を用いただけでは，一概に職員が「一方的に」「無理やりに」指示，命令したとは限りません。上記の良い例の「帰宅させた」という表現は，デイサービスの終了時間が来たためバスで送迎した行為です。「職員が一方的に」という行為者主体の高圧的な表現ではなく，利用者に対して必要適切な支援として対応したものです。この場合は，記録として正しい日本語表現となっています。

使役表現にも幅があります。「させた」という語句だけでとらえるのではなく，意味は文全体の前後関係もふまえてとらえる必要があります。

その他にも「飲ませた」「促した」「誘導した」という表現も同様の考え方です。

5 業務日誌，ケース記録，受診報告書などの記録の整合性

①業務日誌（○年1月10日）

ケアの状況・申し送り事項		
利用者名	項目	内　　容
○○	嘔吐	17:45　食堂に誘導するため居室に行くと，ベッドに仰臥位状態になっており，枕もとに茶褐色の嘔吐物が多量に見られた。顔色は青白かった。「大丈夫ですか」と声をかけながら静かに右側臥位状態※にして○○看護師に知らせた。 嘔吐が続いたため看護師が17時55分に救急車を要請するとともに家族（次女）に電話で連絡した。 BP150/78, P97, BT36.5℃

解説

●「業務日誌」では，「家族（次女）」と記録していますが，次の「ケース記録」や「受診報告書」の記録とは整合性がとれていません。

＊嘔吐時の対応
・体位は仰向けに寝た姿勢（仰臥位）にしてはいけません。
　嘔吐物で誤嚥や窒息する恐れがあるためです。
・嘔吐物が気管に入らないように体を横に向けるか，顔を横に向けます。

表現がバラバラだわ…

②ケース記録（○年1月10日）

利用者名　○○○○様

年月日	項目	利用者の様子・言葉・対応	記録者名
○年1月10日	嘔吐の対応	17:50　△△職員から連絡を受け○○様の居室に行くと枕もとに茶褐色の嘔吐物（昼食時のご飯，ニンジンなど）が多量に見られた。顔色は青白く唇も紫色をしていた。名前を呼びかけたところ眼を開けたが，すぐに閉じてしまい反応は鈍かった。嘔吐が続いたため17時55分に救急車を要請するとともに家族（長女）に電話で連絡し「嘔吐が続き名前を呼びかけても反応が鈍かった」ため救急車を呼んだことを伝え，受診時の付き添いの依頼をした。家族（長女）は「嘔吐が続いていることは心配なので，病院には行きます。どこの病院かわかったら至急知らせてほしい」と話した。まもなく救急車が来るので搬送先を確認後，再度連絡することを伝えた。	○○○（看護職）
	□□病院へ搬送	18:10　救急車到着，□□病院へ搬送した。○○看護師が付き添った。	○○○（介護職）
	家族への連絡	18:15　家族（長女）に再度電話し，搬送先の病院名を知らせた（□□病院）。長女は「自宅から近いので，これから行きます」と話した。	○○○（介護職）

解説

●「業務日誌」では「家族（次女）」と記述しています。一方「ケース記録」では「家族（長女）」と記述しています。また「受診報告書」では単に「家族」と書いており，実際はだれであるかは不明確です。この場合「家族」とはだれかを明確にし，それぞれの記録と整合させなければなりません。後日トラブルなどが起きた場合，あいまいな記録だったり整合性がとれていないと「私は聞いていない」「知らない」という状況に陥ってしまいます。なお「家族」以外にも「嫁」という表現についても「長男の嫁」など，だれであるかが明確になるように記録する必要があります。

③受診報告書（○年1月10日）

記録者名　看護師　○○○○

受診者名	○○○○	受診日時	○年1月10日18:25～19:00		
病院名	□□病院	主治医	○○○○	病名	○○○○

18:25　□□病院に到着。すでに待っていた家族の付き添いのもとに，○○医師の外来を受診した………。

1章　介護記録とは

2章　記録のルール

3章　記録の書き方の基本と手順

4章　業務日誌・ケース記録の書き方

5章　生活場面別・状況別の記録の書き方

6章　○○の苦情に対する・記録の書き方の例

7章　ヒヤリハット・事故報告書の書き方

8章　より良い介護記録にするために

第 **5** 章

生活場面別・状況別の記録の書き方

① 食事場面

　食べること飲むことが困難になった利用者でもできる限り，口から食べたり飲んだりすることが大事です。毎日の生活の中で食事は利用者にとって一番の楽しみです。食事時には，利用者の様子に目を配り「普段の様子との違いや，新たな発見」「体調の変化」なども見逃すことなく記録します。食事後は食事・水分の摂取量を確認し記録します。また利用者が何気なく発した言葉でも，ケアに必要な情報，職員間で共有すべき情報，利用者の支援につながる内容については記録します。

食事場面，記録のための観察ポイント

● 食事前・中・後の様子はどうか
例）・表情，声かけによる反応
● 食事時の姿勢・動作はどうか
● 嚥下（えんげ）・咀嚼（そしゃく）に問題はないか
● 食べる速度や量は普段と比べて変わらないか
● 食欲はあるか
● 食物の好き嫌いはあるか
● 食事形態は適切か
例）・刻み食，とろみ食
● 食事や水分の摂取量はどうか

● 口腔内の状態はどうか
例）・義歯の適合
　　・炎症・汚れ・残渣（ざんさ）の有無
● どんなときに介助を必要としたか，どんな介助をしたのか
例）・食事の途中からスプーンを持つ手のふるえが次第に激しくなり，食物がテーブルに落ちたり，すくえなくなったため，本人の同意を得て介助した
　　・顔面に麻痺があるため，居室のベッドで顔の右健側（けんそく）から食事の全介助をした

1　食事場面①

悪い例

| 18：00　夕食はむせ込むため中断した。 |

 **良い例**

18：00　食堂で夕食中，主食を1口食べるごとにむせる様子が見られた。「よ
く噛んでください」と声をかけたり、水分をとるように勧めたが治まらなかっ
た。痰がからんだり、熱感はなかった。○○看護師と相談し，本人の同意を得
て夕食を中断した。30分ほど状態を見た後，むせる様子がなくなったので食事
を再開した。主食・副食ともに3/4食べた。

 解説

　「夕食はむせ込むため中断した」だけでは，そのときの利用者の様子が伝わりま
せん。利用者のそのときの状況，様子，発した言葉を具体的に記録します。また職
員がどんな声かけをしたのかを含め，行った支援や対応について記録します。

 　「むせ込む」という表現は日本語にはありません。これは造語です。たとえ
ば「むせる様子が見られた」と正確に書きます。

2　**食事場面②**

 悪い例

・朝食は少し食べた。
・昼食はだいたい食べた。
・おやつはほとんど食べなかった。
・夕食はいつもどおり摂取した。

 良い例

・朝食はベッドで主食2口，副食3口しか食べなかった。
・昼食は食堂で主食・副食ともに3/4食べた。
・おやつはベッドで1口しか食べなかった。
・夕食は食堂で主食・副食ともに全量摂取した。

1章　介護記録とは
2章　記録のルール
3章　記録の書き方の基本と手順
4章　業務日誌・ケース記録の書き方
5章　生活場面別・状況別の記録の書き方
6章　認知症の症状に対する記録の書き方と対応のしかた
7章　ヒヤリハット・事故報告書の書き方
8章　より良い介護記録にするために

解説

「少し食べた」「だいたい食べた」「ほとんど食べなかった」「いつもどおり摂取した」では具体性に欠けるあいまいな表現です。主食・副食・おやつの摂取量を記録します。ただし，食事・おやつの摂取量だけの記録であれば，「業務日誌，ケース記録」に記載する必要はありません。別に設けた「食事・おやつ・水分チェック表」（または「個別食事・おやつ・水分摂取量表」）に書きます。「食事・おやつ・水分チェック表」などを用いて使い分けることにより記録の簡素化，効率化を図ることができます。

なお，利用者に状態の変化があった場合（例：嘔気，嘔吐，下痢，腹痛，発熱，倦怠感，浮腫）には，同時に各食事の摂取量を記録します。こうすることで「食欲の低下」と「食事量」を同じ「業務日誌またはケース記録」内で把握することができます。

 食事おやつ摂取量に関する表現

　　食事，おやつの具体的な摂取量については，別に設けた「食事・おやつ・水分チェック表」（または「個別食事・おやつ・水分摂取量表」）に記録していることを前提として，その摂取量を状況により文章で表すこともあります。

○文例
■昼食は「うまい」と言い微笑みを浮かべながら残さずに食べた。
■おやつの饅頭を「好物」と言ってにこにこしながら2口で食べた。
■夕食は「食欲がない，食べたくない」と言い，ほとんど手をつけずに残した。○○看護師と相談した結果1時間後の様子を見て食事の対応を検討することにした。

 食事を途中で残した場合の記録

　　食事の際，いつもはほぼ残さず食べたり飲んだりしている利用者が，「食事が進まなかった」「半分しか食べなかった」「1/3しか食べなかった」などの場合，職員は，「お腹はいっぱいでしたか」「体調が悪いのですか」「食物が噛みにくかったでしたか」「味付けが好みではなかったですか」など，声をかけながら，なぜ残したのか理由や原因を把握して記録することが重要です。

1 章 介護記録とは

2 章 記録のルール

3 章 記録の書き方の基本と手順

4 章 業務日誌・ケース記録の書き方

5 章 生活場面別・状況別の記録の書き方

6 章 活動の状況に応じた記録の書き方

7 章 ヒヤリハット・事故報告書の書き方

8 章 より良い介護記録にするために

○文例

■昼食時，主食・副食ほぼ半分食べたところで浮かない表情をしながら箸を置き，それ以後食べなかった。「どうされましたか」と声をかけると「義歯が合わずに食べにくい」と訴えた。○○看護師に報告し，今日の午後歯科○○を受診することにした。

■いつもはおやつを笑みを見せながら食べていたが，今日は 1/4 しか食べなかった。「どうされましたか」と尋ねると「このおせんべい，堅い」と話した。管理栄養士に報告し，次回からは検討するとのことであった。

■夕食時主食 1/4，副食 1/3 食べたところで食事が進まなくなった。「嫌いな食物でしたか」と尋ねると「味が薄すぎてまずい」と言った。血圧が高いので食事に塩分制限があることを伝えると，顔をしかめながら食べ始めた。

　こうした情報を職員間で共有することにより，より適切なケアの実施につながります。

注意3 **食事・おやつ・水分チェック表の記録**

　食事に関する記録は「業務日誌またはケース記録」などに記載する以外に別に設けた「食事・おやつ・水分チェック表（または個別食事・おやつ・水分摂取量表）」に食事の場所（食堂・居室），食事（主食・副食）・おやつ・水分の摂取量，咀嚼力，嚥下状態，すする力，むせる様子の有無，歯の状態，義歯の有無，義歯の不具合，食事中の姿勢，食事時の動作（例：手の状態，介助や見守りが必要なところ），口腔内の状態（例：炎症，汚れ），食事時間，特記事項などを記録します。こうした記録は利用者一人ひとりに応じた適切な対応につながります。

参考

脱水症の予防と水分摂取量の記録

　脱水症は気がつかずに放置していると症状が悪化，重症化し，昏睡状態を経て死に至ることもあります。高齢になると「体内の水分量が減少する」「喉が渇いたという自覚が乏しくなる」「排尿の頻度が多くなるため，トイレに行くわずらわしさから水分の摂取を控える」などの理由から脱水症にかかりやすくなります。

　高齢者の場合は，1 日に食事以外で少なくとも1,000～1,500mLの水分の摂取量が必要といわれています。このため施設・事業所では利用者がこまめに水分補給できるように声かけをして，飲み物を勧めて脱水症状にならないように配慮するこ

とが大事です。各利用者が1日に飲んだ水分の量（食事に含まれる水分の摂取量と食事以外に飲んだ水分の量）を把握して記録することにより，健康管理や脱水の予防に努めます。

※脱水の初期症状
　・何となく元気がない，食欲がない
　・うとうとすることが多い，ぼんやりしている
　・皮膚（特にわきの下が乾いている）や口唇・舌が乾燥している
　・微熱がある
　・尿の量が減った（尿の色が濃い）

3 ▶ 食事場面③

 悪い例

> 7：30　居室のベッドで食事の介助をした。みそ汁の飲み込みが悪い。

 良い例

> 7：30　居室のベッドで食事の介助を行った。みそ汁をスプーンを使って少量ずつ口の中に入れ，最初の2口は飲み込んだが，その後は口を閉ざして飲まなくなった。耳もとで「どうしましたか，もう少しみそ汁を飲みませんか」と声をかけると頷いたので「吸ってみてください。スウースウースウー」と言葉をかけスプーンの先を下唇にのせやや傾けるとみそ汁をこぼさずに吸うことができた。全介助を行い主食（軟食）と副食（刻み食）はともに1/2ほど食べた。

[解説]

　「みそ汁の飲み込みが悪い」では，そのときの利用者の具体的な様子が伝わりません。また職員がどんな支援，対応をしたのかも不明です。利用者のそのときの状況・様子や職員が声かけした内容を含め行った支援，対応について記録します。

　「『吸ってみてください。スウースウースウー』と言葉をかけ……」という介助は，職員が日頃から利用者の状態を把握することにより，できる対応であり，このような記録を残すことは，ほかの職員の参考になるとともにその後の対応に活かすことができます。

1 章 介護記録とは

2 章 記録のルール

3 章 記録の書き方の基本と手順

4 章 業務日誌・ケース記録の書き方

5 章 生活場面別・状況別の記録の書き方

6 章 お知らせ等に対する記録の書き方などのしかた

7 章 ヒヤリハット・事故報告書の書き方

8 章 より良い介護記録にするために

2 入浴場面

　入浴は身体を清潔にするとともに体を温め，気持ちをリラックスさせます。入浴時は，利用者一人ひとりと会話を交わすことができる貴重なひとときです。利用者が日頃から思っていること，希望や願いなどを聞き，記録に残すことも大切です。

　入浴時は全身の皮膚状態を観察することができます。異常があれば身体部位の状態を正確に記録します。その他にも表情，動作，姿勢，移動，体調などを観察し変化があれば記録します。

入浴場面，記録のための観察ポイント

●入浴前・中・後の様子はどうか
例）・表情，声かけによる反応
　　・心地よく入浴しているか，そうではないか
●入浴を嫌っていないか
例）・脱衣室・浴室までの移動の際
　　・衣類の着脱の際
　　・浴槽に入る際
　　・体を洗う際
●安全は確保できているか
例）・浴室・脱衣室内での「歩く・座る・立つ・つかむ」などの動作
　　・浴槽内の姿勢
　　・入浴にかける時間
　　・湯量，湯温，室温（脱衣室・浴室）

●全身の皮膚の状態はどうか
例）・皮膚
　　・爪
●プライバシー・羞恥心に配慮しているか
●衣服の着脱はできるか
●髪や体を洗うことはできるか
●どんなときに介助を必要としたか，どんな介助をしたのか
例）・右片麻痺があるため，右腕，背中，尻は介助して洗った
　　・洗髪は右腕，右肩に痛みがあり，手が上がらないため介助した。それ以外は本人が洗った
　　・入浴の際，衣服の着脱のしかたがわからないため全介助で行った

1 ▶ 入浴場面①

 悪い例

9：50　入浴を拒否したため清拭とした。

○ 良い例

9：50　居室で本人から「大勢の人と一緒に入浴をするのはいやだ，一人きりで入りたい」と要望があった。「何かいやなことでもあるのですか，みんなと一緒に温まりませんか」と入浴を勧めたが，本人は何回も「一人きりで入りたい」と訴えた。○○看護師，介護主任と協議した結果，次回（○月○日）からはだれもいない時間帯に入浴することにし，今日は中止し清拭とした。居室内で温かいタオルで全身を清拭した。本人は「体を拭いてもらうと，とても気持ちがいい」とご機嫌な様子であった。

解説

「入浴を拒否したため清拭とした」では，どうして入浴を拒否したのか理由が不明です。「拒否」であるかどうかは，職員の受け止め方によって違います。職員が拒否と受け止めた理由や利用者のそのときの様子，状況，発した言葉を具体的に記録します。また職員が声かけした内容を含め，行った対応を記録します。

参考

利用者の中には，入浴をしたくない人もいます。「体調が悪いから」という以外にも，入浴時間の面や入浴環境面から「昼間からは入りたくない。夜，寝る前に入りたい」「食事前に入りたくない」「○○職員に介助されるのはいやだ」「異性の職員に介助されるのはいやだ」「大勢の人と一緒に入るのはいやだ」「大勢の人の前で裸になるのはいやだ」など理由は様々です。このような記録を残すことが，今後入浴を勧めるための対応を考えるうえで必要なことになります。

注意　入浴チェック表などの記録

入浴に関する記録は，「ケース記録」などに記載する以外に別に設けた「入浴チェック表（または個別入浴表）」に入浴の日時，入浴の有無，入浴の方法，入浴時の動作（例：自分で体が洗えるところ・洗えないところ，入浴時に介助や見守りが必要なところ），使用器具（例：滑り止めマット，介助バー，シャワーチェアー），特記事項などを記録することにより，利用者一人ひとりに応じた適切な対応につながります。

1 章　介護記録とは

2 章　記録のルール

3 章　記録の書き方の基本と手順

4 章　業務日誌・ケース記録の書き方

5 章　生活場面別・状況別の記録の書き方

6 章　知っておきたい対応法がいかない

7 章　ヒヤリハット・事故報告書の書き方

8 章　より良い介護記録にするために

2　入浴場面②

✕　悪い例

10：20　入浴時浴槽の縁に右足をぶつけた。

◯　良い例

10：20　入浴時浴槽に入るため上半身を支えながら縁をまたごうとしたが右足のすねをぶつけた。痛みはないか確認したが，本人は「大丈夫」と言った。ぶつけたところを観察したが，腫れやあざなどは見られなかった。3 日前も浴槽をうまくまたげないことがあった。介護主任と相談した結果，今後は，職員 2 人で介助するか補助具を使用し安全な入浴の対応について検討することにした。

  解説

　「浴槽の縁に右足をぶつけた」だけでは，利用者のそのときの具体的な様子がわかりません。また職員がどんな対応をしたのか不明です。利用者のそのときの様子や職員がどんな声かけをしたのかを含め，行った支援，対応について具体的に記録します。

注意　入浴時に事故などがなくても，利用者のわずかな状態の変化を見逃すことなく記録に残すことは，事故予防の観点や今後のより良いケアにつながります。

③ 排泄場面

　利用者をトイレに誘導し，トイレ内での①手すりにつかまる，②ズボンを下ろす，③便座に腰かける，④排泄時の姿勢，⑤排泄後の後始末，⑥ズボンを上げる，立ち上がるなど，一連の動作や様子を観察し，普段の様子との違いや変化があれば記録に残します。また利用者が発した言葉についてもケアに必要な情報，職員間で共有すべき情報などは記録します。なお利用者の尊厳を守る意味からもベッドでのおむつ・パッドの交換は避け，できる限りトイレまたはポータブルトイレに誘導することが大切です。

　排泄後は排便・排尿の日時，排泄場所，尿や便の状態，色，量や衣類の汚れなどを確認し記録します。

排泄場面，記録のための観察ポイント

●排泄前・中・後の様子はどうか
例）・表情，声かけによる反応
●排泄時の姿勢はどうか
例）・適切な座位姿勢で排泄しているか
●トイレ内での動作はどうか
●排便・排尿の日時，便や尿の状態・
　色・量はどうか
●尿意・便意はあるか
●残尿感・残便感はあるか
●おむつ・パッド交換時の皮膚の状態
例）・殿部・陰部および周辺の皮膚
●おむつ・パッドからの漏れはある
　か，漏れの原因は何か
例）・おむつ・パッドのサイズが合わ
　　ないのか
　　・あて方が悪いのか
　　・おむつ・パッドの交換が適切に

　　行われていないのか
　　・材質が適さないのか
　　・本人がはずしてしまうのか
●プライバシー・羞恥心への配慮
例）・状況に応じて部屋の外で待つ
　　・できるだけ不必要な露出はしな
　　　い（例：下腹部から大腿部にバ
　　　スタオルを掛ける）
●どんなときに介助を必要としたか，
　どんな介助をしたのか
例）・手すりにつかまることはできる
　　が，ズボンや下着の上げ下ろし，
　　排泄後の拭き取りは自力ではで
　　きないため介助した
　　・正面から両手を持って歩行介助
　　　しながらポータブルトイレに移
　　　動した

1 章 介護記録とは

2 章 記録のルール

3 章 記録の書き方の基本と手順

4 章 業務日誌・ケース記録の書き方

5 章 生活場面別・状況別の記録の書き方

6 章 紛れがないようにするための書き方

7 章 ヒヤリハット・事故報告書の書き方

8 章 より良い介護記録にするために

 1 排泄場面①

悪い例

13：20　排泄介助○○職員と 2 人で対応した。

○ 良い例

13：20　昼食をとった後，食堂で車椅子から何度も立ち上がろうとする動作をしていたので近寄って耳もとで「トイレですか」と尋ねると頷いた。トイレに誘導し○○職員と一緒に排泄介助を行った。

便座に腰かけ 4 ～ 5 分ほどは自分で排泄しようとしていたが，排泄がないため，1 人が後ろから傾かないように支え，1 人が「○○さんお腹をマッサージしますね，痛くないですか」と声をかけながら下腹部をさすったり，押したりして排便を促した。多量の黄褐色の普通便と排ガスがあった。本人はすっきりしたような表情を見せた。

解説

「排泄介助○○職員と 2 人で対応した」だけでは，職員がどんな対応をしたのか，そのときの具体的な様子がわかりません。また利用者の様子も不明です。利用者のそのときの様子や職員がどんな声かけをしたのかを含め，行った支援，対応について具体的に記録します。これらの記録を残すことは，今後ほかの職員の参考になるとともにその後の対応に活かすことができます。

 声かけをしてもあまり反応を見せない利用者や言葉を発することが難しい利用者であっても「おむつを使用するのではなく」可能な限り，利用者をトイレに誘導し排泄を促すことが重要です。

2 排泄場面②

 悪い例

23：30　排泄介助のため居室に行くと本人から「トイレ」と訴えがあった。

 良い例

23：30　排泄介助のため居室に行くと，すでに介助バーにつかまりながら立って待っていた。本人から「トイレ」と訴えがあったため，急いでポータブルトイレを近づけて正面から両手を持って歩行介助しながら誘導した。下半身にバスタオルを掛け，「終了したら知らせてください」と声をかけ居室の外で待った。排泄後は排泄量などを確認しベッドへの移乗介助を行った。「トイレに行くときはコールしてください」と伝えると本人は頷いた。

解説

　「本人からトイレと訴えがあった」だけでは，利用者のそのときの様子や状況がわかりません。職員がそのときに目にしたこと（観察したこと）や支援，対応したこと，利用者の発した言葉などを具体的に記録することが大切です。

3 排泄場面③

 悪い例

・夜間はコールが多い，排尿（＋）
・夜間はコールが頻回にあった，排便（－），排尿（＋）

良い例

・夜間は 3 回（23：10，2：50，4：20）のコールがあり，そのつど「トイレ
　に行きたい」と訴えていた。そのたび付き添って歩行の見守りをしながらト
　イレに誘導した。毎回少量の黄色い濁った尿が見られた。
・夜間は 4 回（22：30，1：50，3：20，4：10）のコールがあった。そのつ
　ど「おしっこ，うんこ」と繰り返し生理現象について訴えていた。そのたび
　ごとポータブルトイレを近づけ，手をつないで歩行介助しながら移動した。
　毎回排便はなく，極少量の黄色い透明の尿が見られた。

[解説]

　「多い」「頻回にあった」だけでは具体性に欠けるあいまいな表現です。これだけ
の記録であれば書く意味がありません。コールの回数や時間や理由，利用者が発し
た言葉などを具体的に記録します。（＋），（－）という記号はチェック表などで用
いることはありますが，業務日誌やケース記録では文章で表現します。排便・排尿
の状態，色，量などについて記録します。また職員がどんな声かけをしたのかを含
め，行った支援や対応などについて記録します。

 複数回のコールについて

　コールの理由がそのつど「トイレに行きたい」という訴えの場合は，なぜ
頻繁にあるのかを考える必要があります。
　「寝る前に水分を多く飲んだのか」「体が冷え切っているのか」「服用してい
る薬が原因なのか」「トイレの場所がわからなくて不安なのか」「寂しさや不
安などから職員を呼ぶのか」など，その原因を探り，支援，対応することが
利用者にとって質の高いケアサービスにつながります。

 プライバシーや羞恥心を配慮した支援

　利用者への排泄介助やおむつ・パッド交換，トイレへの誘導などについて
は，特に利用者の尊厳を守り，プライバシーや羞恥心への配慮を常に心掛け
支援，対応することが大切です。

1 章　介護記録とは
2 章　記録のルール
3 章　記録の書き方の基本と手順
4 章　業務日誌・ケース記録の書き方
5 章　生活場面別・状況別の記録の書き方
6 章　こころの症状別への記録の書き方と対応のしかた
7 章　ヒヤリハット・事故報告書の書き方
8 章　より良い介護記録にするために

排泄チェック表などの記録

　排泄に関する記録は「ケース記録」などに記載する以外に別に設けた「排泄チェック表（または個別排泄表）」に排泄の日時，排泄場所（トイレ・ポータブルトイレ・ベッド・その他），方法（訴えによる誘導・声かけによる誘導・定時・自立），便や尿の状態，色，量，漏れの有無（おむつ・パッド），失禁や放尿の有無，摘便の状況，下剤等の服用状況，坐薬の有無，特記事項などを記録します。このようなことを記録することによって利用者一人ひとりの状況に応じた適切な対応につながります。

　なお，各利用者の自立度や状態に応じてチェック項目や記載内容を変えることにより，記録の簡素化，効率化につなげます。

 排泄チェック表を活用し，排泄パターンを把握する

　利用者一人ひとりの排泄パターンは人それぞれです。排泄の日時などを記載した「排泄チェック表（または個別排泄表）」を用いて 2 〜 3 週間程度記録に残すことで利用者一人ひとりの排泄の時間帯が見えてきます。この時間帯に合わせてトイレに誘導することが大切です。

 「＋」「－」を用いた表現は使用しない

✕ 悪い例
▷排便－ 4 日，反応便（＋），痛み（＋），腫れ・あざ（－）

○ 良い例
▷排便が 4 日間なかった
▷下剤を服用することにより多量の茶褐色の反応便（やや硬い）が見られた
▷本人から「○○が痛い」と訴えがあった
▷全身観察を行ったが腫れやあざなどは発見できなかった

　「排便－ 4 日」「反応便（＋）」では利用者のそのときの様子，状況が正確に伝わりません。

　「痛み，腫れ，あざ」などの有無を「＋」「－」で表現すると，利用者からの訴えなのか，職員が全身観察などを行った結果なのかわかりません。「＋」「－」の記号は，チェック表などで使用することはありますが，業務日誌やケース記録には，職員が聞いたこと，観察したこと，行ったことを文章で書きます。

1章 介護記録とは

2章 記録のルール

3章 記録の書き方の基本と手順

4章 業務日誌・ケース記録の書き方

5章 生活場面別・状況別の記録の書き方

6章 これからの介護に対する新しい書き方と対応のしかた

7章 ヒヤリハット・事故報告書の書き方

8章 より良い介護記録にするために

④ 日中の様子

　日中の過ごし方は人それぞれです。さりげなく利用者の様子や行動を観察したり，会話をすることで各利用者がどんな過ごし方を望んでいるのかを把握することが大切です。

　また，職員やほかの利用者に見せた「笑顔，楽しさ，怒り，悲しみ，寂しさ」などの表情はどのような状況のときであったのか，そのときの様子を記録します。

日中の様子，記録するための観察ポイント

●様子はどうか
例）・表情，声かけによる反応
●どんなことをして過ごしているのか
●どんなことに楽しみ，興味，関心をもっているか
●ほかの利用者との交流はどうか
●ほかの利用者とのトラブルはないか

1 日中の様子①

 悪い例

14：10　日中は食堂で 1 時間ほど独語を発していた。

 良い例

14：10　日中は食堂で車椅子に乗り，小声で「どうしよう，どうしよう」と言ったり，笑みを浮かべながら「よかったね，よかったね」などと 1 時間ほどだれかと会話を交わしているような独り言を言っていた。「どなたと話をしているのですか」と声をかけると本人は「家族と話をしているんだ」とはずんだ声で答えた。

[解説]

　「独語」とは，①「ひとりごと」，②「独逸語（どいつご）」の 2 つの意味があります。ここでは「ひとりごと」のことですが，利用者がどのような言葉を発したのか具体的に

記録します。また何を言っているのか，その内容がわからない場合でも利用者の発した言葉をありのまま記録します。利用者の発した言葉をありのまま記録することにより，その後のケアや診察の際に役立つことがあります。

2 ▶ 日中の様子②

悪い例

・日中は特に問題なく過ごしていた。
・日中はいつもどおり過ごしていた。
・日中はいつもと変わりなく過ごしていた。

良い例

13：50　食堂でソファによりかかり，ほかの利用者となごやかに談笑しながら連続テレビドラマを観ていた。終了後は20分程うとうとと気持ちよさそうに寝ていた。夕方からは居室に戻り，趣味の編み物をして過ごしていた。「○○さんいつも熱心ですね」と声をかけると「編み物が好きなの」と笑顔で答えた。

[解説]

「問題なく」「いつもどおり」「いつもと変わりなく」では，どのように過ごしたのか，利用者の様子が伝わりません。これだけの記録であれば書く意味がありませんし，ほかの職員に何を伝えたいのかが見えません。

目にしたこと（観察したこと）や職員と利用者が交わした会話の内容など具体的に記録します。

（注意）「問題なく・いつもどおり・いつもと変わりなく」過ごしていた，という表現は見方によっては「いつもと変わらなければ，何ら問題はないだろう」と，とらえられかねません。

⑤ 夜間巡回

夜間の巡回時の記録は，「利用者の眠っている様子」「体調の変化」「目を覚ましている利用者の様子」「ベッドから起き居室から廊下に出てきた利用者の様子」などを観察し記録します。ベッドから起き居室内を歩行している利用者，車椅子に乗っている利用者，廊下に出てきた利用者には職員は必ず声をかけて理由を聞きます。このときの会話の内容や支援や対応したことについても記録します。

夜間巡回，記録のための観察ポイント

- ●眠っているかどうか
- ●意識・呼吸状態や表情はどうか
- ●寝ている状態はどうか
- 例）・発熱，発汗，冷や汗，せきなど
  　　体調の変化はないか
- ●寝ている姿勢はどうか
- 例）・呼吸しにくい
  　　・苦しそう
  　　・痛そう

- ・体がベッドから落ちる恐れはないか
- ●漏れや失禁はないか
- ●歩行器，車椅子，靴，ポータブルトイレの位置はどうか
- ●環境面は整っているか
- 例）・室温，湿度，照明
  　　・カーテンの開閉
  　　・テレビなどの消し忘れ

1　夜間巡回①

 悪い例

23：05　巡回時，居室のベッドで眠っていたが極少量の鼻水が見られた。

 良い例

23：05　巡回時，居室のベッドでスースーと寝息を立てながら眠っていたが，極少量の鼻水が見られた。前額部（ぜんがくぶ）を触ると特に熱感はなく顔色も普段と変わらなかった。寝ているため起こさないように静かに鼻孔や鼻の周りを清拭した。

職員が利用者の状態の変化を見つけた場合，観察したことだけを記録するのではなく，観察した結果，職員が対応したことについても具体的に記録します。

　夜間の巡回時「極少量の鼻水が見られた」と，せっかく細かなことまで観察し記録しているのに，その後「どのような対応をしたのか」という記録がないと，この施設・事業所は利用者の観察はするけれど，その後の対応は何も行わない，放置していると思われかねません。

2　夜間巡回②

　悪い例

1：10　巡回時に居室に行くとベッドで眠っていたが喘鳴（ぜんめい）が聞こえた。

良い例

1：10　巡回時に居室に行くとベッドで眠っていたが顔をゆがめながら，ヒューヒューと呼吸音が断続的に聞こえた。
7：30　○○看護師に睡眠時の様子を報告した。

解説

　「喘鳴」かどうかは，医師でなければ判断できません。見た様子や耳にした呼吸音を具体的に記録します。
　また本人に苦痛の表情などが見られず，単に呼吸音だけが聞こえた場合は，呼吸音を具体的に記録します。このような場合「巡回時に居室に行くとベッドで眠っていたが肩をやや揺らしながら，ゼイゼイと呼吸音が断続的に聞こえた」などと書きます。
　このような記録を残すことが診察の際の情報となります。

1章 介護記録とは

2章 記録のルール

3章 記録の書き方の基本と手順

4章 業務日誌・ケース記録の書き方

5章 生活場面別・状況別の記録の書き方

6章 ⋯⋯⋯⋯の考え方と対応のしかた

7章 ヒヤリハット・事故報告書の書き方

8章 より良い介護記録にするために

6 レクリエーション

　レクリエーションは，利用者が楽しみながら，利用者相互の交流を通じてADL（日常生活動作）の維持向上や生きがい，張り合いのある生活が送れるように支援することを目的としています。またレクリエーションは利用者同士，職員とのコミュニケーションをとるための絶好の機会です。

　利用者の表情や言動，ほかの利用者との交流の様子などを観察し，利用者の支援につながる情報などについて記録します。

レクリエーション，記録のための観察ポイント

● どんな内容のレクリエーションか
● 楽しかったのか，そうではなかったのか
例）・表情，様子，声かけによる反応
● 手や足など体を動かすことができた
のか，元気な声がでていたのか，そうではなかったのか
● ほかの利用者との交流はどうか
● 終了後の様子はどうか

1 ▶ レクリエーション①

 悪い例

⑦14：00　レクリエーションに参加し，積極的に行っていた。
⑨14：20　体操に参加し積極的に体を動かしていた。

 良い例

⑦14：00　風船バレーが始まると車椅子から立ち上がりそうな勢いで，ほかの利用者に「いきますよ」「それー」と声をかけながら体を動かし積極的に参加していた。終了後「疲れましたか」と声をかけると「楽しかった，またしたいね」と返答があった。
⑨14：20　集団体操に参加し「えい，えい」と声を出しながら手や足などを動かし元気に取り組んでいた。途中休憩したときに「○○さん，頑張っていますね」と言うと「手や足を動かすと気持ちがいい」と答えた。

単に「積極的に行っていた」「積極的に体を動かしていた」だけの記録では，職員が見た（観察した）主観的な印象の記録です。

どんな活動をして，手や足など体を動かすことができたのか，元気な声を出していたのか，また楽しかったのか，そうではなかったのか，ほかの利用者との交流の様子など利用者のそのときの様子，発した言葉や職員が声かけした内容について具体的に記録します。

2　レクリエーション②

 悪い例

14：00　日中は食堂でレクに参加して過ごしていた。

 良い例

14：00　日中は食堂でレクリエーションに参加しほかの利用者と笑顔で声を交わしながらサッカーゲームをしたり，歌を歌ったりして活発に過ごしていた。童謡は「大好きなんだ」と言い，周りの利用者と一緒に大きな声で「赤とんぼ」などを歌っていた。民謡になると「この歌は苦手だ」と言い，声を出して歌うことはなかったが，耳を傾け，時折手拍子を打ち，楽しそうな表情を見せていた。

解説

「レクに参加して過ごしていた」ではそのときの利用者の具体的な様子が伝わりません。また「レク」では意味不明です。省略することなく，「レクリエーション」と正確に記録します。どんなレクリエーションに参加し，どのような表情や様子であったのか，発した言葉やほかの利用者との交流の様子などについても記録します。

 利用者の好きなこと，嫌いなこと，趣味や関心事などを記録に残すことは，今後のケアに役立ちます。またほかの職員も利用者が何を楽しいと感じているか把握することができます。

1章 介護記録とは

2章 記録のルール

3章 記録の書き方の基本と手順

4章 業務日誌・ケース記録の書き方

5章 生活場面別・状況別の記録の書き方

6章 苦情や要望がある場合の書き方／配慮が必要な場合

7章 ヒヤリハット・事故報告書の書き方

8章 より良い介護記録にするために

7 不快感などの訴え

「不快感」「倦怠感」「体調不良」など，心や体調の変化の訴えについては，利用者が発した「訴えの内容」だけではなく「そのときの利用者の表情，様子」「バイタルサイン」なども記録します。また不快感などの原因を知るために必要に応じて生活状況（睡眠，食事，排泄など）も併せて確認し記録します。

不快感などの訴えに関する記録のための観察ポイント

●表情や顔色はどうか
●いつから始まったのか
●バイタルサインはどうか

●睡眠はとれているか
●食事，水分は摂っているか
●排便，排尿はどうか

✕ 悪い例

・本人から気分不快の訴えがあった。
・本人から倦怠感の訴えがあった。
・本人から体調不良の訴えがあった。

◯ 良い例

・7：10　居室で本人から「朝起きてからずっと体がだるくて，気分がすぐれない」と訴えがあった。○○看護師が出勤するまで本人の同意を得て居室のベッドに臥床して安静を保った。顔色は普段と変わらなかった。BP123/69　P73　BT36.4℃

・10：20　居室で本人から硬い表情で「体がだるい」と訴えがあった。○○看護師に知らせ，バイタル測定をした。BP125/70　P69　BT37.6℃
体がだるいのは昨日の昼頃からとのこと。顔色は普段と変わらなかった。看護師の指示により居室のベッドに臥床し，前額部に冷却シート△△を貼った。発熱などについての経過を観察するように看護師から指示があった。

・13：30　食堂で本人から顔をしかめながら「体がだるくて食欲がない，少し頭が重い気がする」と訴えがあった。○○看護師に連絡した。BP151/90　P95　BT36.9℃
「今日は血圧が高いのであまり無理せずに居室のベッドで休んでください」と言うと本人は「そうする」と答えた。様子を観察するように看護師から指示があった。

解説

　「気分不快・倦怠感・体調不良の訴えがあった」の記録では，「どのように不快なのか」「どの程度だるいのか」「どのように体調がよくないのか」，利用者の様子が伝わりません。利用者からの具体的な訴えや様子（表情，顔色も含む），職員がどんな声かけをしたのかを含め，行った対応などについて記録します。

　また，「気分が不快である」とは言いますが，略して「気分不快」は造語です。

> **注意** 「不快感」「倦怠感」「体調不良」など，心や体調の変化の訴えについては，「具体的な訴えの内容」「そのときの利用者の様子（表情や顔色も含む）」「いつ頃から始まったのか」「バイタルサイン（血圧・脈拍・体温）」などを記録に残すことは，その後の適切な対応につながります。

1 章 介護記録とは

2 章 記録のルール

3 章 記録の書き方の 基本と手順

4 章 業務日誌・ケース 記録の書き方

5 章 生活場面別・状況別 の記録の書き方

6 章 認知症の症状に対する 記録の書き方と対応のしかた

7 章 ヒヤリハット・ 事故報告書の書き方

8 章 より良い介護記録 にするために

8 医療的ケア

1 痰の吸引

　痰の吸引とは，呼吸を楽にするため口や喉にたまった痰などを吸引器を使って取り除くことをいいます。

　痰の吸引は，自分で痰を排出できない利用者にとっては命にかかわることもあるため，日々生活していく上で欠くことのできない医療的ケアの一つです。

　痰の吸引は，利用者にとって苦痛を伴うこともあるため，介護職員はつねに看護職員との連携のもと，利用者一人ひとりに応じた適切な対応をします。また，職員間で情報の共有を図るため，ありのままを正確に記録することが求められています。

参考

　痰の吸引には，①口腔内，②鼻腔内，③気管カニューレ内の方法があります。一定の研修を受けた介護職員は医師の指示，看護師との連携のもと，痰の吸引を行うことができます。

痰の吸引前，吸引中，吸引後，記録のための観察ポイントと手順

●吸引前の顔色，体調はどうか

・利用者に声をかけながら体調を確認する

　　例：顔や唇の色，表情，呼吸状態，意識状態

・吸引前には，丁寧に説明し「これから痰の吸引をしますが，よろしいでしょうか」と声かけをし同意を得る

●吸引中の顔色，体調は悪くないか

　　例：顔や唇の色，口の動き，表情，呼吸状態，意識状態

●吸引後の顔色，体調は悪くないか

　　例：顔や唇の色，表情，呼吸状態，意識状態

●吸引した痰の色，粘り気，量，臭いはどうか

※痰の状態

色	・透明 ・白色 ・黄色 ・緑色	粘り気	・粘り気がある 　例：やや粘り気がある，粘り気が強い ・粘り気がない 　例：水っぽい

| | | ・茶褐色
・赤色
・赤黒い色 | 臭い | ・臭いがある
・臭いはない | |

痰の吸引の記録

 悪い例

6：30　居室で痰の吸引を行った。

 良い例

6：30　起床介助のため居室に行くとベッドで顔をしかめながら呼吸のたびに痰のからんだゴロゴロという音が聞こえた。P80，SpO$_2$94％　顔色は青白く呼吸は荒かった。「大丈夫ですか」と声をかけると目をしっかりと開いた。右側臥位状態にしてタッピングをしたが，ゴロゴロとした音はやまなかったため「これから痰の吸引をしてもよろしいでしょうか」と声かけをして本人の同意を得た。

　「これから吸引をしますね，少し我慢してくださいね」と声をかけ，本人の頷きを確認後，口腔より吸引を行った。

　痰は多量でやや粘り気があり，色は黄色で臭いはなかった。顔色は良くなり，呼吸も穏やかになった。吸引前，吸引後ともに口腔内に傷や出血は見られなかった。P75，SpO$_2$98％

7：30　○○看護師に吸引したことを報告した。

解説

　「痰の吸引を行った」だけでは，利用者のそのときの具体的な様子がわかりません。また痰の吸引を行った理由も不明です。痰の吸引についての記録は以下の①～⑤を参考に書きます。

①吸引を実施した理由

例）・利用者からの要望

　　・口腔内に痰や唾液がたまってきたとき

　　・痰のからんだゴロゴロという音がしているとき

②吸引中や吸引後に利用者に状態の変化などがあった場合，そのときの様子，職員

が行ったケアの内容（対応）および利用者の反応，バイタルサイン，動脈血酸素飽和度

③状況に応じて吸引実施前，吸引中，吸引後の利用者の様子や発した言葉，口腔内の傷や出血などの有無，バイタルサイン，動脈血酸素飽和度

④吸引した内容物の種類（例：痰，唾液，食物残渣）や痰の色，粘り気，量，臭い

⑤吸引を行った日時，職員の氏名

注意 たんの吸引中に出血が見られた場合，吸引を中止し出血の量や状態などを観察します。その後は看護師に連絡します。

2 経管栄養（胃ろう）

　経管栄養とは，自力で口から食べることが困難な利用者に対して鼻腔や腹部に開けた穴からチューブ（カテーテル）を使って栄養剤や水分を補給することをいいます。経管栄養は，時として生命の危険に直結することもあるため，介護職員はつねに看護職員との適切な連携のもと安全に行うとともに，職員間で情報の共有を図るよう，ありのままを正確に記録することが求められています。

参考

　経管栄養は，①胃ろう，②腸ろう，③経鼻経管栄養の方法があります。一定の研修を受けた介護職員は医師の指示，看護師との連携のもと経管栄養を行うことができます。

経管栄養開始前，注入中，注入後，記録のための観察ポイントと手順

●経管栄養開始前の観察

・利用者に声をかけながら体調などを確認する

　例：顔色，表情，呼吸状態，意識状態，嘔気，嘔吐，お腹の張り，口腔内の様子，痰の量，体温，瘻孔（穴）周囲の皮膚の状態，ベッドの角度（頭部）

・開始前には注入に要する時間などを丁寧に説明し「お食事の時間です。これから栄養剤を注入させて頂きますがよろしいでしょうか」と声かけをし同意を得る

●注入中の観察

・利用者の状態

　例：顔色，表情，呼吸状態（息切れ，呼吸困難），意識状態（意識の薄れ），むせる，しゃっくり，嘔気，嘔吐，お腹の張り，痰の量，腹痛，下痢，体位のずれ

・栄養剤注入時の状況

　例：滴下が速すぎないか，滴下が止まっていないか，接続部に漏れはないか，接

1 章　介護記録とは
2 章　記録のルール
3 章　記録の書き方の基本と手順
4 章　業務日誌・ケース記録の書き方
5 章　生活場面別・状況別の記録の書き方
6 章　認知症各症状に対する記録の書き方と対応のしかた
7 章　ヒヤリハット・事故報告書の書き方
8 章　より良い介護記録にするために

続部が外れていないか，栄養剤が逆流していないか

●注入終了後の観察

・利用者の状態

例：顔色，表情，呼吸状態（息切れ，呼吸困難），意識状態（意識の薄れ），嘔気，嘔吐，お腹の張り，口腔内の様子，痰の量，腹痛，下痢，瘻孔周囲の皮膚の状態

経管栄養（胃ろう）の記録

 悪い例

> 16：30　胃ろう注入開始。
> 18：00　終了，胃ろう注入問題なし。

 良い例

> 16：25　居室に行き「お食事の時間です。これから栄養剤を注入させて頂きますが，よろしいでしょうか」と声かけをして本人の同意を得た。
> 16：30　胃ろうに栄養剤△△250mLの注入を開始した。
> 17：10，17：50　気分は悪くないか尋ねると，本人は「何ともない」と答えた。
> 18：30　栄養剤の注入を終了した。引き続き白湯100mLの注入を開始した。
> 19：00　白湯の注入が終了した。「食事が終わりました」と声をかけると「ありがとう」と答えた。
>
> 　注入中や注入終了後にむせる，嘔気，嘔吐，息苦しさなどは見られなかった。腹痛や不快感の訴えも聞かれなかった。接続部の漏れなどもなかった。顔色は普段と変わらず穏やかな表情だった。

【解説】

　「胃ろう注入開始」では意味が伝わりません。正しい用語を用いて記録します。「胃ろう」とはお腹から胃に通じる小さな瘻孔（穴）のことをいいます。この場合は，「胃ろうに栄養剤△△の注入を開始した」が正しい表現です。

　「注入問題なし」という記録についても，何に対して問題なし，なのかを具体的に記載します。経管栄養についての記録は，以下の①～④を参考に書きます。

①栄養剤の種類，量，注入時間（注入開始時間，注入終了時間）と，白湯の量，注入時間（注入開始時間，注入終了時間）

②注入中や注入終了後に利用者に状態の変化などがあった場合，そのときの様子，職員が行ったケアの内容（対応）および利用者の反応，バイタルサイン，動脈血

酸素飽和度

③状況に応じて注入実施前，注入中，注入終了後の利用者の様子や発した言葉，バイタルサイン，動脈血酸素飽和度

④経管栄養を行った日時，職員の氏名

1章　介護記録とは

2章　記録のルール

3章　記録の書き方の基本と手順

4章　業務日誌・ケース記録の書き方

5章　生活場面別・状況別の記録の書き方

6章　認知症の各症状に対する記録の書き方と配慮のしかた

7章　ヒヤリハット・事故報告書の書き方

8章　より良い介護記録にするために

⑨ ターミナルケア

　ターミナルとは，人生の終焉を迎える時期をいいます。この時期のケアをターミナルケアといいます。

　ターミナルケアは特別なケアではなく，日々行っているケアの延長上にありますが，一日一日その人らしく生きられるような支援，利用者や家族の思い，気持ちを汲み取った支援，対応が求められます。

　介護職員，看護職員，医師，歯科医師，栄養士，機能訓練指導員，その他の職種，家族などとの連携，協力のもと，利用者の尊厳に十分配慮しながらケアを行うことが大切です。

　ターミナル期は，利用者の身体状況が日々変化していく様子を小さなことでも見逃すことなく観察し記録することが大切です。

ターミナルケア，記録のための観察ポイント

●心身の状態はどうか
例）・顔色，表情
　　・不安な気持ちはないか
　　・痛み・苦しみ・不快感の訴え
　　・嘔気，嘔吐
　　・皮膚の状態
　　（床ずれ，浮腫，斑点，発赤，出血）
　　・手や足が冷たくないか
　　・口腔内の様子
　　・尿の量
●食事や水分は摂れているか
例）・食事や水分の摂取量
●意識状態はどうか
例）・意識があるか，ないか
　　・意識が低下しているか
　　・声かけによる反応
●呼吸状態はどうか
例）・呼吸のリズムが安定しているか，
　　　速い・遅い・時々止まっているか
　　・呼吸に伴って肩が動いている（肩
　　　呼吸）
　　・呼吸に伴って下顎が動いている

　　（下顎呼吸）
●身体の清潔は保たれているか
例）・入浴，清拭，整容の状況
●コミュニケーションはとれているか
例）・会話
　　・そばに寄り添う
　　・手を握る，さする
●睡眠の状態はどうか
例）・睡眠時間
　　・睡眠時の様子
●バイタルサイン，酸素飽和度はどうか
例）・体温，血圧，脈拍，呼吸，動脈
　　　血酸素飽和度
●医療職や家族との連携はとれているか
例）・看護師，医師への情報提供
　　・家族とのコミュニケーション
　　・適宜，利用者の心身の状態など
　　　を伝え家族と意見交換を行う
　　・家族の意思を確認する
　　・家族の思いを傾聴する

1 ターミナルケアの記録①
〈△年 9 月10日の記録〉亡くなる 2 日前の記録

 悪い例

18：00　夕食　コーヒーゼリー 3 口，お茶50mL
BT37.1℃　BP98/59　P83　R24　SpO₂92％

 良い例

18：00　夕食は居室のベッドで本人が希望したコーヒーゼリーをスプーンで介助しながらなんとか 3 口ほど食べた。「無理しないでくださいね」と話すと小さな声で「はい」と言った。
　「お茶が飲みたい」と希望したのでお茶50mLを介助しながら少しずつ飲ませた。顔色はやや青白かった。全身観察を行うと両下肢全体に浮腫が見られたので○○看護師に知らせた。看護師の指示により両足の下にクッションを置き高くした。
　BT37.1℃　BP98/59　P83　R24　SpO₂92％

解説

　「夕食　コーヒーゼリー 3 口，お茶50mL」だけでは，利用者の食事時の様子がわかりません。「利用者のそのときの様子や発した言葉，しぐさ」「職員がどんな声かけをしたのかを含め，行った支援，対応」「バイタルサイン」「動脈血酸素飽和度」などについて具体的に記録します。

　また，ターミナル期の記録は「巡回ごとに時刻と利用者のそのときの様子」を記録します。状況に応じて「利用者と面会に来た家族との様子（会話の内容も含む）」「家族からの要望や職員との会話の内容」などについても記録します。

　ターミナルケアの記録は，ターミナル期に利用者がどんな生活をして過ごしていたのかの証明にもなります。後日，家族の方がこの記録を読んだときに利用者の施設・事業所における様子などがわかります。

1章　介護記録とは
2章　記録のルール
3章　記録の書き方の基本と手順
4章　業務日誌・ケース記録の書き方
5章　生活場面別・状況別の記録の書き方
6章　認知症の症状に応じた記録の書き方などのしかた
7章　ヒヤリハット・事故報告書の書き方
8章　より良い介護記録にするために

2 　ターミナルケアの記録②
〈△年9月12日の記録〉

 悪い例

16：30　状態が低下し，家族，看護師，医師に連絡した。
17：05　医師により死亡が確認された。長女と次女が最期を看取った。

良い例

16：30　体位変換のため居室に行くと顔や唇が紫色で，肩を大きく上下させるとともに顎も上下に動かして苦しそうな呼吸をしていた。急いで○○看護師に知らせた。
　BP71/41　P56　R10　SpO$_2$85％
16：33　看護師が来たので状況を報告した。
16：35　看護師の指示により長女に電話しバイタルサインの数値を知らせ，「危険な状況です」と伝えると，「これからすぐに施設に伺います」との返事があった。看護師は，電話で○○医師に連絡した。
16：45　長女と次女が到着した。家族はベッドの傍らで利用者の手を握り，静かに見守っていた。突然呼吸が止まったような状態になったため看護師が名前を呼んだが目を閉じて反応はなかった。
16：55　○○医師が到着した。
17：05　医師が診察後死亡との診断を行った。約3か月のターミナル期間を経て永眠される。長女，次女から職員に対して「大変お世話になりました。ありがとうございました」とお礼の言葉があった。

[解説]

　「状態が低下し家族，看護師，医師に連絡した」だけでは，どのように状態が低下したのかがわかりません。「長女と次女が最期を看取った」だけでは，そのときの家族の様子もわかりません。
　「利用者や家族のそのときの様子や表情，発した言葉」「職員がどんな声かけをしたのかを含め，行った支援，対応」などについて具体的に記録します。

1 章 介護記録とは

2 章 記録のルール

3 章 記録の書き方の基本と手順

4 章 業務日誌・ケース記録の書き方

5 章 生活場面別・状況別の記録の書き方

6 章 認知症の各症状に対する記録の書き方と記録のしかた

7 章 ヒヤリハット・事故報告書の書き方

8 章 より良い介護記録にするために

⑩ 転倒，転落，尻もち，ずり落ちた，の表現について

実際に目撃した場面を書く

「転倒した」や「転落した」「尻もちをついた」「車椅子からずり落ちた」という記録は，「倒れること」「落ちること」「後方に倒れ，お尻をつくこと」「車椅子からすべり落ちること」を表しています。

たとえば，利用者が床に「座っている」「横になっている」「うつ伏せになっている」あるいは，車椅子の前方の床に「仰向けになっている」状況を職員が目撃したからといって，これは一概に「転倒した」や「転落した」「尻もちをついた」「車椅子からずり落ちた」とはかぎりません。

利用者は疲れて床に座っていたり，あるいは横になっていたりしたのかもしれません。また，食事の後に食堂の床に寝転ぶなど，家庭にいるときと同様の感覚で行動している場合もあります。

さらに，認知症の利用者が通路で仰向けになっていることも予測されます。実際に「どうしましたか」と尋ねると「疲れたから，休んでいるんだ」という返事が返ってくることもあります。

このように，「転倒した」や「転落した」「尻もちをついた」「車椅子からずり落ちた」という記録は，その場面を実際に目撃していなければ書けません。

主観ではなく正確かつ客観的な記録を書く

職員がその場面を目撃していないのに，ただ単に床に「座っている」「横になっている」「うつ伏せになっている」「仰向けになっている」からといって，「転倒した」や「転落した」「尻もちをついた」「ずり落ちた」と記録するのは，職員の主観です。このような場合は，見たこと（観察したこと）の状況をありのまま正確に書きます。この場合は，利用者が床に「座っている状況」「横になっている状況」「うつ伏せになっている状況」「仰向けになっている状況」を記録します。

その後は，職員が利用者に声をかけ，利用者が話したことや，職員がその場面で対応した内容について記録します。たとえば，「利用者を起こし，手をつなぎ介助しながら居室のベッドに誘導した」や，状況によっては，全身観察などを行った結果を記録します。

それでは，職員が実際に目撃していないのに，利用者が「転倒した」「ベッドから転落した」「尻もちをついた」「車椅子からずり落ちた」と書いた記録について考えてみましょう。

目撃していないのに「転倒した」「ベッドから転落した」と記録した場合

 悪い例

> ・廊下でうつ伏せ状態で転倒していた。
> 　（または「……うつ伏せ状態で倒れていた」）
> ・おやつの時間であることを伝えるため居室に行くと，ベッドから転落し，床に左側臥位（そくがい）状態になっていた。

[解説]

　これは，転倒や転落した場面を実際に見ていないのに，「転倒していた（倒れていた）」「転落した」と記録した例です。

　職員が転倒や転落場面を実際に目撃していなければ，「転倒した（倒れた）」「転落した」という記録は書けません。利用者のなかには，疲れて，あるいは足腰などが痛くなって廊下や床にうつ伏せや横になっていたりしていることもあります。

　見方によっては，ベッドから転落したところを目撃したのであれば，なぜ助けに行かなかったのかと問われてしまいます。

 良い例

> ・廊下の中央でうつ伏せ状態になっていたのを発見した。
> ・おやつの時間であることを伝えるため居室に行くと，ベッド左横の床に左側臥位状態になっていたのを発見した。

1 章 介護記録とは

2 章 記録のルール

3 章 記録の書き方の基本と手順

4 章 業務日誌・ケース記録の書き方

5 章 生活場面別・状況別の記録の書き方

6 章 利用者の気持ちに記録の書き方と対応のしかた

7 章 ヒヤリハット・事故報告書の書き方

8 章 より良い介護記録にするために

解説

　職員が転倒や転落場面を目撃していなければ，実際に「見たこと（観察したこと）」の事実を正確に書きます。特に場所については，居室内の位置を具体的に示し（書き），一読して明確に理解できるようにします。

　「うつ伏せ状態になっていた」の代わりに，「腹臥位状態になっていた」も用いることができます。「腹臥位」とは，うつ伏せになっていることをいいます。「左側臥位」とは，体の左側を下にして横になっていることをいいます。また，上記のいずれの事例にも，「状態」という表現を用いるとより客観的になります。

　その後，職員は，利用者が話したことや自ら対応した内容などを記録します。

　なお，職員が転倒や転落した場面を実際に目撃していなければ「転倒した（倒れた）」「転落した」という記録は書けませんが，利用者から「転倒した（倒れた）」「転落した」という訴えがあった場合や，ほかの利用者が転倒・転落場面を目撃し，目撃した利用者から「○○さんが転倒した（転落した）」という話があれば，たとえば，「利用者○○さんが転倒したところを利用者○○さんは目撃しており，そのときの様子の報告を受けた。報告によると……であった」のように書きます。

▶「ベッドから転落した」と推測される場合

　利用者の居室に行くと，ベッド横の床に「うつ伏せ状態になっている」ところを見つけ，その周囲の状況からしてベッドから転落したのではないかと推測できる場合もあります。しかしながら，このような状況での安易な推測による記録は避ける必要があります。なぜならば，この場合ベッドから直接床に転落したとも考えられますし，また，いったんベッドから床に降りて，その後に転倒したとも考えられるからです。後日この記録を読んだ家族の方から，どのような状況で利用者が転落したのかと説明を求められても，実際には見ていないため答えられません。

　この場合，まずは周辺の状況も含めて職員自身が「見たこと（観察したこと）」の事実を正確に記録することが望まれます。また，利用者に声をかけ収集した話の内容や職員が対応した内容などについて記録します。

▶「横になっていた」と「横たわっていた」

　「床に左側臥位状態になっていた」の代わりに「床に体の左側を下にして横になっていた」や「床に体の左側を下にして横たわっていた」という表現も考えられます。

　「横になっていた」という表現には，自らの意思で横になっている場合と，意思とは関係なく状況的に横になっている場合（転んだり，つまずいて横になる場合など）が考えられます。したがって，「横になっていた」という表現を用いる場合については，利用者の様子を観察し，確認したうえで記録する必要があります。たとえば，利用者自らの判断で横になった場合は「○○の理由により利用者自らが床に

（体の左側を下にして）横になっていた」という記録になります。また，本人から「転んだ」という訴えがあった場合は，たとえば，「本人から『転んで床に倒れ，そのまま（体の左側を下にして）横になってしまった』と訴えがあった」という記録になります。

また，「横たわる（横たわっていた）」という意味には，「横になる」と「横に伏す」という二通りの意味があります。「横に伏す」とは，顔および上半身が床についている状態です。「横たわっていた」と表現すると，後日，家族の方から，どのような状態だったのかと説明を求められた場合，どちらなのか，記録上では正確にはわかりません。

したがって，「横たわっていた」という表現は用いないほうがよいと考えます。

目撃していないのに「尻もちをついた」と記録した場合

 悪い例

> トイレ内で「おおい」と大きな声が聞こえたため食堂からかけつけると，床に尻もちをついていた。

解説

これは，尻もちをついた場面を実際に見てはいないが，「尻もちをついていた」と書いた記録です。職員が尻もちをついた場面を目撃していなければ「尻もちをついた」という記録は書けません。

 良い例

> トイレ内で「おおい」と大きな声が聞こえたため食堂からかけつけると，トイレ便座前の床に尻をつけ，両膝を少し曲げて座った状態になっていたのを発見した。

解説

職員が尻もちをついた場面を目撃していないならば，実際に「見たこと（観察したこと）」の事実を正確に書きます。また，座っていた場所については，トイレ内の位置を具体的に記述し，状況が理解できるように努めます。

この場合，「床に尻をつけ，両膝を少し曲げて座っていた」という表現も考えられます。しかし「床に尻をつけ，両膝を少し曲げて座った状態になっていた」という表現のほうが，見たこと（観察したこと）の記録としては適切です。「状態」と

いう表現を用いるとより客観的になります。

また，「床に尻をつけ，両膝を少し曲げて座った状態になっていた」の代わりに，「床に座った状態になっていた」という表現も考えられます。しかし，「床に座った状態になっていた」という表現では，そのときの足などの状態はどうだったのかと問われた場合，記載以外の様子を答えなければならず，正確さを欠くため，このような表現は用いないほうがよいと考えます。

その後は，職員が対応した内容や利用者が話したことなどを記録します。

▶「座り込んでいた」と「座り込んだ状態になっていた」

「床に尻をつけ，両膝を少し曲げて座り込んでいた」「床に尻をつけ，両膝を少し曲げて座り込んだ状態になっていた」という表現も考えられます。しかし，「座り込む」とは，その場に座り込んで動かないという意味です。見方によっては，職員が「ずっと」動かないところを見ていたのかと問われかねないため，このような表現は慎重に用いる必要があります。

目撃していないのに「車椅子からずり落ちた」と記録した場合

 **悪い例**

食堂入口前の廊下で，車椅子からずり落ちて，床に仰向け状態になっていた。

[解説]

これは，車椅子からずり落ちた場面を見ていないのに，「ずり落ちた」と表現した記録です。

職員が車椅子からずり落ちた場面を目撃していなければ，「ずり落ちた」という記録は書けません。見方によっては，車椅子からずり落ちたところを目撃したのであれば，車椅子からずり落ちているときに，なぜ止めに行かなかったのかと問われてしまいます。

⭕ **良い例**

食堂入口前の廊下で，車椅子の前方の床に仰向け状態になっていたのを発見した。

[解説]

職員が車椅子からずり落ちた場面を目撃していないのであれば，実際に「見たこ

と（観察したこと）」の事実を正確に書きます。

　「仰向け状態になっていた」の代わりに，「仰臥位状態になっていた」も用いることができます。「仰臥位」とは，仰向けになっていることをいいます。

　その後は，職員が具体的に対応した内容や利用者から聞いたことなどについて記録します。

⑪ 転倒場面を目撃した場合の表現例

利用者の転倒場面を職員が目撃した場合の表現例について次に示します。

ゆるやかに倒れるところを 目撃した場合	いきなり倒れるところを 目撃した場合

▼ ▼

ゆるやかに倒れるところを目撃した場合

例1

床に右膝から崩れるような格好で，右側臥位*状態になった。

例2

床に両膝から崩れるような格好で，うつ伏せ状態になった。

例3

床に左膝から崩れるような格好で，仰向け状態になった。

例4

床に両膝から崩れるような格好で，正座状態になった。

いきなり倒れるところを目撃した場合

例1

床に右側臥位状態で倒れた。

例2

右側臥位状態でバタンという音を立てて床に倒れた。

例3

床にうつ伏せ状態で倒れた。

例4

うつ伏せ状態でバタンという音を立てて床に倒れた。

例5

床に仰向け状態で倒れた。

＊「右側臥位」とは，体の右側を下にして横になっていることをいいます

1章 介護記録とは
2章 記録のルール
3章 記録の書き方の基本と手順
4章 業務日誌・ケース記録の書き方
5章 生活場面別・状況別の記録の書き方
6章 相談を受けたときには記録するのか
7章 ヒヤリハット・事故報告書の書き方
8章 より良い介護記録にするために

12 車椅子からずり落ちる場面や，尻もちをついた場面などを目撃した場合の表現例

　利用者が車椅子からずり落ちる場面や尻もちをついた場面などを職員が目撃した場合の表現例について次に示します。

1　車椅子からずり落ちる場面を目撃した場合の表現のしかた

例 1 ：車椅子からずり落ちて，床に仰向け状態になった。

例 2 ：車椅子からずり落ちて，床に仰臥位状態になった。

例 3 ：車椅子からずり落ちて，床に尻もちをついた。

2　車椅子から前のめりに落ちる場面を目撃した場合の表現のしかた

例 1 ：車椅子から前のめりに落ち，床にうつ伏せ状態になった。

例 2 ：車椅子から前のめりに落ち，床に腹臥位状態になった。

3　尻もちをついた場面を目撃した場合の表現のしかた

例 1 ：椅子から立ち上がろうとしたが，足をすべらせて床に尻もちをついた。

例 2 ：体がふらつき床に尻もちをついた。

例 3 ：バタンという音を立てて床に尻もちをついた。

1章 介護記録とは

2章 記録のルール

3章 記録の書き方の基本と手順

4章 業務日誌・ケース記録の書き方

5章 生活場面別・状況別の記録の書き方

6章 認知症の症状がある人の書き方がわからない人へ

7章 ヒヤリハット・事故報告書の書き方

8章 より良い介護記録にするために

13 床に座っている，横になっている，うつ伏せになっている，仰向けになっている状態の表現例

利用者が床に「座っている」「横になっている」「うつ伏せになっている」「仰向けになっている」ところを職員が発見した場合の表現例について次に示します。

1 床に「座っている」状態の表現のしかた

例1：床に尻をつけ，両膝を少し曲げて座った状態になっていたのを発見した。

例2：床に尻をつけ，両足を伸ばして座った状態になっていたのを発見した。
（または「床に長座位状態になっていたのを発見した」）

例3：床に正座した状態になっていたのを発見した。

2 床に「横になっている」状態の表現のしかた

例1：床に右側臥位（左側臥位）状態になっていたのを発見した。

例2：床に体の左側（右側）を下にして伏していたのを発見した。

 注意　「横になっていた」という表現例についてはp.121を参照。

3 床に「うつ伏せになっている」状態の表現のしかた

例1：床にうつ伏せ状態になっていたのを発見した。

例2：床に腹臥位状態になっていたのを発見した。

4 床に「仰向けになっている」状態の表現のしかた

例1：床に仰向け状態になっていたのを発見した。

例2：床に仰臥位状態になっていたのを発見した。

⑭ 腫れや傷の表現例

　職員が,「利用者の腫れや傷などを見つけた場合」や,「利用者の転倒・打撲場面などを目撃し,その後傷を発見した場合」の記載例を次に示します。

▶ **腫れなどを見つけた場合の具体的な表現例**

症 状	具体的な表現例	説 明
腫れ（または「腫脹」）	▶右手甲に直径約3cmの赤い腫れ（または「腫脹」）が見られた ▶左殿部に直径約3cmの赤紫色の腫れ（または「腫脹」）が見られた	▶「直径約3cm」の代わりに「直径3cmくらい」「直径3cmほど」を用いることもできます。しかし,一般的には“約”のほうが多く用いられています。また,「約3cmくらい」のように“約”と“くらい”の両方を書くのではなく,どちらか一方の記載にします ▶「腫れ」に色がない場合は,たとえば,「右手甲に直径約3cmの腫れ（または「腫脹」）が見られた」と記載します ▶「腫れ」の形が楕円形の場合は,たとえば,「右手甲に約3×1cmの赤紫色の腫れ（または「腫脹」）が見られた」と記載します ※「腫れ」と「腫脹」は同じ意味です
こ ぶ	▶前額部右側に直径約2cmのこぶが見られた	▶「前額部右側」の代わりに「右前額部」を用いることもできます ▶「こぶ」は,基本的には色はありません。無色です。ただし,まれに黒っぽいこともあります ※「こぶ」と「腫瘤」は同一の病態とは限らないため「こぶ」の代わりに「腫瘤」を用いることは不適切です
あ ざ	▶左頬に直径約3cmの赤褐色のあざが見られた	▶「あざ」は,高齢になると自然にできる（老人斑）こともあります。「あざ」には赤褐色の他に,青いあざ,紫色のあざなどがあります
むくみ（または「浮腫」）	▶左下肢全体にむくみ（または「浮腫」）が見られた ▶左足首周辺にむくみ（または「浮腫」）が見られた ▶右下腿部前面にむくみ（または「浮腫」）が見られた	▶「むくみ」は,基本的には大きさの表現は必要ありません。一般的には,境界がどこまでなのかはっきりしないためです ▶「むくみ」は,基本的には色はありません。無色です。ただし,まれに青黒いこともあります ※「むくみ」と「浮腫」は同じ意味です

症 状	具体的な表現例	説 明
爛れ（ただれ）	▶左大腿部内側に直径約３cmの赤い爛れが見られた ▶背中全体に赤い爛れが見られた	▶「爛れ」は，基本的には皮膚の表面的な変化に限られています ▶「爛れ」は，部位や症状によっては境界がはっきりしないものがあるため，必ずしも大きさの表現は必要ありません
発赤（ほっせき）	▶左殿部に直径約３cmの発赤が見られた	▶「発赤」は，皮膚の表面の色が変化した状態を示すため，厚みの表現は必要ありません

傷に関する表現について

前記の「腫れ，こぶ」などと異なり傷の表現については，利用者が傷を負う場面（たとえば転倒・打撲場面）を職員が確認していないのに「裂傷」「擦過傷」「すり傷」「かすり傷」「きり傷」「熱傷」などと表現することはできません。ただし職員がその場面を目撃した場合には使用することができます。

症 状	具体的な表現例	注意点
	▶右下腿部外側に約２cmの半月型の浅い裂傷のようなものがあり，少量出血していた ▶右膝周辺に約４×２cmのすり傷のようなものがあり，極少量の血がにじんでいた ▶左前腕部外側に約３×２cmのかすり傷のようなものがあり，極少量の血がにじんでいた ▶左肘周辺に約４×３cmのすり傷（または「かすり傷」）のようなものが見られた ▶左手甲に約２cmの直線状の浅いきり傷のようなものがあり，少量出血していた ▶右手掌に約0.5cmの直線状の刺傷のようなものがあり，少量出血していた ▶右手甲に約４×３cmの熱傷のようなものが見られた ▶左前腕部内側に約２×１cmの浅い傷があり少量出血していた ▶左下腿部外側に約２×２cmのL字型の傷があり，極少量の血がにじんでいた	単に「裂傷」「擦過傷」「すり傷」「かすり傷」「きり傷」「刺傷」「熱傷」などと，その場面を見ていないのに安易に症状について表現することは間違いです ※「傷の深さについて」はp.131注意２を参照

参考

皮膚がむけても，出血がなければ原則として「傷」とはいいません。ただし例外として出血がなくても，すり傷，かすり傷，擦過傷などの表現を使うことがあります。p.133「皮膚がむけている状態の表現例」を参照。

1 章 介護記録とは
2 章 記録のルール
3 章 記録の書き方の基本と手順
4 章 業務日誌・ケース記録の書き方
5 章 生活場面別・状況別の記録の書き方
6 章 認知症高齢者は記録からわかった
7 章 ヒヤリハット・事故報告書の書き方
8 章 より良い介護記録にするために

▶ 転倒・打撲場面などを目撃し，その後傷を発見した場合の具体的な表現例

症　状	具体的な表現例	説　明
裂　傷 (れっ しょう)	▶左下腿部外側に約2cmの半月型の浅い裂傷があり，少量出血していた	▶「裂傷」とは，皮膚が裂けてできた傷であり，器物などにより避けるように生じた傷を指します。皮膚組織の破壊の程度によって傷は回復しにくく，痕も残りやすい場合があります。 ▶「裂傷」は，ぶつけたりした場合にできる傷で，主に鈍的な傷をいいます。また，釘などで引っかいたときも裂傷はできます ※「傷の深さについて」はp.131注意2を参照
すり傷 かすり傷（または「擦過傷」） (さっ か しょう)	▶左前腕部外側に約4×3cmのすり傷があり，少量出血していた ▶左肘周辺に約4×2cmのかすり傷があり，極少量の血がにじんでいた ▶右膝周辺に約2×2cmのすり傷（または「かすり傷」）が見られた	▶「すり傷」とは，地面や衣服等によってこすられ皮膚の一部がはがれた状態をいいます。その程度が軽度の場合を「かすり傷」と呼んでいます。 ▶「すり傷」「かすり傷」には，深さの表現は必要ありません ▶「左前腕部外側に約4×3cm」の「約4×3cm」という表現は，「傷の大きさ」と「傷の形」を同時に表しています また，「約4×3cm」は，一般的には「縦×横」ですが，見る方向によって縦が横になったり，横が縦になったりするため，記録としては「縦×横」にこだわる必要はありません（大きさの把握が必要です） ※「すり傷」「かすり傷」の厳密な違いは医師でも判断が難しいです。また，「すり傷・かすり傷」と「擦過傷」は同じ意味です
きり傷（または「切創」） (せっ そう)	▶左手甲に約2cmの直線状の浅いきり傷（または「切創」）があり，少量出血していた	▶「きり傷」は，刃物などによるきり裂かれた傷で，スパッと切れた鋭い傷をいいます ※「きり傷」と「切創」は同じ意味です ▶「直線状」とは，直線のような様子を表しているという意味です ※「傷の深さについて」はp.131注意2を参照
刺傷（または「刺創」） (し しょう)（し そう）	▶右手掌に約0.5cmの直線状の刺傷（または「刺創」）があり，少量出血していた	▶「刺傷」とは，鋭くとがった物などによる刺し傷をいいます ▶「刺傷」は，深さについてはわかりにくいため原則として表現する必要はありません ※「刺傷」と「刺創」は同じ意味です

1章	介護記録とは
2章	記録のルール
3章	記録の書き方の基本と手順
4章	業務日誌・ケース記録の書き方
5章	**生活場面別・状況別の記録の書き方**
6章	状況や状態にする記録の書き方のポイント
7章	ヒヤリハット・事故報告書の書き方
8章	より良い介護記録にするために

症　状	具体的な表現例	説　明
熱　傷	▶右手甲に約4×3cmの熱傷が見られた（本人から「ヒリヒリして痛い」と訴えがあった） ▶左手人さし指の全体に熱傷が見られた（本人から「チクチクとした痛みがある」と訴えがあった） ▶左手人さし指の先端に熱傷が見られた	▶「熱傷」とは，やけどのことをいいます ▶「熱傷」は，部位や症状によって境界がはっきりしないものがあるため，必ずしも大きさの表現は必要ありません
傷	▶左大腿部外側に約1×1cmの浅い傷があり，少量出血していた ▶右手甲に約1×1cmのL字型の浅い傷があり，極少量の血がにじんでいた ※「傷の深さについて」は下記の注意2を参照	▶「裂傷」「すり傷」「かすり傷」「きり傷(切創)」「刺傷」かどうか定かでない場合は，単に「傷」という表現を用いますなおこの場合の「傷」は，出血を伴います

(注意1) 身体の部位の名称について

　傷，出血，皮膚に現れた症状など利用者の身体の一部を表現する場合は，身体の部位の名称を具体的に記載します（「身体の部位の名称と状態についての表現例」p.202参照）。

(注意2) 傷の深さについて

　傷の深さの判断は，具体的には部位によって異なりますが，一般的には2mm程度までは浅い傷です（2mmまでが皮膚です）。2mm以上は深いと考えてよいといわれています。

(注意3) 内出血について

　「内出血」の表現例については，p.135「皮膚などに現れた症状」に関する考え方と具体的な表現例を参照。

(注意4) 写真の活用

　傷，腫れ，あざなどの程度を表現する際は，その大きさ，深さなど見た状況をありのまま正確に記載します。
　部位や症状の表現が困難な場合や診察の際の情報として，該当部位の写真を撮ることも有効です。写真は診療の際の重要な情報となります。

15 打撲傷，挫傷，損傷の表現例

　職員が利用者の「傷」に関する表現として「打撲傷」「挫傷」「損傷」などを用いることがありますが，これらの表現には医学的判断を必要とするものが含まれており，好ましい表現ではありません。

　ただし，これらの表現（打撲傷，挫傷）は，医師の診断がされた後に，職員が記録として用いることはできます。次に表現のしかたについて例を示します。

表現	考え方	具体的な表現例
打撲傷 挫　傷	「打撲傷」と「挫傷」はどちらも「うちみ」ですが，「打撲傷」か「挫傷」かどうかは，医学的判断を必要とします	▶左下腿部外側に直径約3cmの赤い腫れ(または「腫脹」)が見られた ▶右下腿部外側に直径約2cmの紫色の内出血のような痕が見られた
損　傷	「損傷」とは，裂傷，すり傷，かすり傷，きり傷(切創)などを総称した表現です。どの傷か不明確になるため使用は避ける必要があります	※裂傷，すり傷，かすり傷，きり傷(切創)などについてはp.129〜p.131を参照

参考

「打撲」という表現を介護職員が用いることについて

　「打撲」とは，体を打ったりぶつけたりすることをいいます。職員が打撲する場面を目撃したのであれば，「打撲」という表現を使用できます。

　たとえば，利用者が廊下で尻もちをついたところを職員が目撃し，この利用者が「左のお尻が痛い」と訴えた場合，職員は「床に尻もちをつき左殿部を打撲した」と記録することができます。

　また，その後，医師がこの利用者の患部を診察した結果，状態によっては「打撲傷」あるいは「挫傷」と診断することもあります。

| 1章 介護記録とは |
| 2章 記録のルール |
| 3章 記録の書き方の基本と手順 |
| 4章 業務日誌・ケース記録の書き方 |
| **5章 生活場面別・状況別の記録の書き方** |
| 6章 書き分けが必要とされる記録の書き方と留意のしかた |
| 7章 ヒヤリハット・事故報告書の書き方 |
| 8章 より良い介護記録にするために |

16 皮膚がむけている状態の表現例

　職員が，利用者の皮膚の一部が「むけている」のを見つけた場合の表現として，「皮むけ」「表皮剥離」などを用いることがあります。しかし，これらは意味がわかりにくかったり，医学的判断を必要とするため好ましい表現ではありません。

▶ 好ましくない表現例

> ・右手甲に約 2 × 1 cm の皮むけを発見した。
> ・左前腕部外側に約 2 × 1 cm の表皮剥離を発見した。

✕ 皮むけ	「皮むけ」という表現は，イメージとしてわからなくもありませんが，「皮膚の一部がむけた」という意味ではありません
✕ 表皮剥離	・「表皮剥離」は，発疹の中の続発疹の1つをいい，表皮の小欠損，掻破，外傷などによる(『南山堂医学大辞典』第19版)もので，この表現を用いる場合は医学的判断が必要となります

▶ 好ましい表現例

　上記の表現に代わって「むける」「めくれる」「剥がれる」などが考えられます。

○ むける	表面の皮膚が剥がれてとれている状態をいいます。たとえば「皮膚がむける」といういい方です
○ めくれる	表面の皮膚やかさぶたが，はがれずにめくれている状態をいいます。たとえば「皮膚がめくれる」「かさぶたがめくれる」といういい方です
○ 剥がれる	爪やかさぶたがめくれてとれている状態をいいます たとえば「爪が剥がれる」「かさぶたが剥がれる」といういい方です。なお「皮膚が剥がれる」といういい方はしません

○ 良い例

・右手甲に約 5 × 5 mm の大きさで皮膚が浅くむけた痕が見られた。
・左前腕部外側に約 1 × 1 cm の大きさで皮膚が浅くむけているのが見られた。
・右膝前面に約 2 × 1 cm の大きさで皮膚が浅くむけた傷があり，極少量の血がにじんでいた。
・左上腕部屈側に直径約 1 cm のかさぶたがめくれていた。
・右足第五趾の爪がはがれて少量出血していた。

※「傷の深さについて」はp.131注意2を参照

 注意　皮膚がむけても，出血がなければ原則として「傷」とはいいません。ただし例外として出血がなくても，すり傷，かすり傷，擦過傷などの表現を使うことがあります。

17 皮膚などに現れた症状の表現例

　職員が，利用者の「皮膚などに現れた症状」に関する表現として，「発疹」「湿疹」「褥瘡」「水疱」「蕁麻疹」「紅斑」「紫斑」「びらん」「疥癬」「白癬」「内出血」などを用いることがありますが，これらの表現は医学的判断を必要とするため好ましい表現ではありません。

　ただし，これらの表現は，医師の診断がされた後に，職員が記録として用いることはできます。診断の前に職員が用いることのできるこれらに代わる表現として，どのようなものがあるかを次に示します。

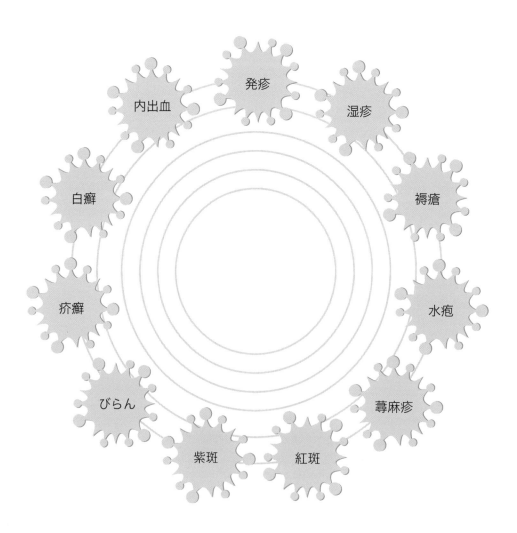

▶「皮膚などに現れた症状」に関する考え方と具体的な表現例

表現	考え方	具体的な表現例
発 疹 湿 疹	発疹か湿疹かについては専門的な医学的判断が必要となります ※ 一般的には「斑点」が隆起していれば（盛り上がっていれば）発疹です。隆起していなければ発赤です 「発疹」とは，紅斑，びらん，水疱など皮膚の表面に現れる病変のこと。 「湿疹」とは，赤い腫れなど皮膚の表面が炎症すること。かゆみを伴うこともあります	▶右上腕部屈側に直径約3〜5mmのブツブツした赤い腫れ（または「腫脹」）が数個見られた ▶左上腕部屈側に直径約2〜5mmのブヨブヨした赤い腫れ（または「腫脹」）が数個見られた ※「腫れ」に色がない場合は，たとえば「左上腕部屈側に直径約2〜5mmのブヨブヨした腫れ（または「腫脹」）が数個見られた」と記載します ▶左胸に直径約1〜4mmの赤い斑点が数個見られた ※「左胸全体に赤い斑点」が見られた場合は，たとえば「左胸全体に直径約1〜4mmの赤い斑点が見られた」と記載します ▶右殿部に直径約3cmの赤紫色の腫れ（または「腫脹」）が見られた ▶左殿部に直径約3cmの発赤が見られた ※「発赤」は，皮膚の表面の色が変化した状態を示すため，深さの表現は必要ありません
褥 瘡	「褥瘡」とは，床ずれのこと。圧迫による皮膚の血流障害などが原因で発生します。「褥瘡」かどうかは，医学的判断を必要とします	▶仙骨部に約2×2cmの床ずれが見られた ▶右かかとは直径約2cmに浅く赤色にえぐられており，周辺は爛れていた ▶仙骨部は直径約2cmに深く黒色にえぐられており，周辺は爛れていた
水 疱	「水疱」とは，水ぶくれのこと。やけどによりできるものから感染症まで様々です。「水疱」は「水」がたまる場合をいいますが，その他に「膿」や「血液」がたまる場合は水疱とはいいません 「水疱」かどうかは，医学的判断を必要とします	▶右大腿部の付け根に直径約3cmの水ぶくれが見られた ▶左大腿部の付け根に直径約3mm〜2cmの水ぶくれが数個見られた ▶右大腿部の付け根に直径約3mm〜2cmのブヨブヨした腫れ（または「腫脹」）が数個見られた
蕁麻疹	「蕁麻疹」とは，急に皮膚がかゆくなりブツブツした赤い腫れや斑点が現れること。 「蕁麻疹」かどうかは，医学的判断を必要とします	▶右手甲に直径約2mmのブツブツした赤い腫れ（または「腫脹」）が数個見られた ▶顔の右半面に直径約4〜8mmのやや盛り上がった赤い斑点が数個見られた

1 章 介護記録とは

2 章 記録のルール

3 章 記録の書き方の基本と手順

4 章 業務日誌・ケース記録の書き方

5 章 生活場面別・状況別の記録の書き方

6 章 照会の書面に対する返答書などの書き方

7 章 ヒヤリハット・事故報告書の書き方

8 章 より良い介護記録にするために

表現	考え方	具体的な表現例
紅 斑 紫 斑	「紅斑」とは，皮膚にできた紅色の斑点のこと。 「紫斑」とは，内出血などにより皮膚にできる紫色の斑点のこと。 「紅斑」と「紫斑」の区別は，圧迫して色彩が消えるかどうかを確認して行います。この場合，消えれば「紅斑」，消えなければ「紫斑」です 「紅斑」か「紫斑」かどうかは，医学的判断を必要とします	▶両頬に直径約 2 mm〜 1 cmの赤い斑（まだら）が数個見られた ▶左大腿部外側に約 5 × 2 cmの地図状の赤い斑が見られた ▶右大腿部外側に直径約 5 mm〜 2 cmの赤紫色の斑が数個見られた
びらん	「びらん」とは，水疱や膿疱が破れるなどにより皮膚が爛れること。 「びらん」かどうかは，医学的判断を必要とします	▶左大腿部内側（ないそく）に直径約 3 cmの赤い爛れが見られた ※「爛れ」は，基本的には皮膚の表面的な変化に限られています
疥 癬	「疥癬」とは，疥癬虫(ヒゼンダニ)が皮膚に寄生して起こる伝染性皮膚病のこと。 「疥癬」かどうかは，医学的判断を必要とします	▶首から背中全体にかけて赤い斑点とみみずばれが見られた(本人から「首から背中にかけて強いかゆみがある」と訴えがあった) ▶右腋（わき）の下から肘（ひじ）にかけて赤い斑点が見られた
白 癬	「白癬」とは，水虫やたむしなど白癬菌(カビ)による皮膚病のこと。 「白癬」かどうかは，医学的判断を必要とします	▶左足第一趾の爪が白濁（はくだく）し厚くなっていた ▶右足第四趾と第五趾の間に赤い爛れが見られた ▶右かかと周辺に直径約 1 〜 2 cmの浅くむけた痕が数か所あった
内出血	「内出血」とは皮膚の表面に傷はなく，皮下（皮膚の下）に出血していること。 「内出血」かどうかは，医学的判断を必要とします ※「皮下出血」と「内出血」は同じ意味です	▶右手甲に直径約 3 cmの紫色の内出血のような痕が見られた ▶左下腿部外側に約 3 × 2 cmの紫色の内出血のような痕が見られた

 身体の部位の名称について

　傷，出血，皮膚に現れた症状など利用者の身体の一部を表現する場合は，身体の部位の名称を具体的に記載します（「身体の部位の名称と状態についての表現例」p.202参照）。

※その他p.131「注意 2　傷の深さについて」「注意 4　写真の活用」を参照

⑱ 便の表現例

職員が，利用者の「便」に関する表現として，「軟便」「硬便」「宿便」「普通便」「泥状便」「水様便」「不消化便」「反応便」「血便」などを用いることがあります。

記録としてどのような表現を用いるのがよいかを次に示します。

なお，このうち職員が使用できる言葉としては「軟便」「硬便」「普通便」「泥状便」「水様便」「不消化便」「反応便」があります。

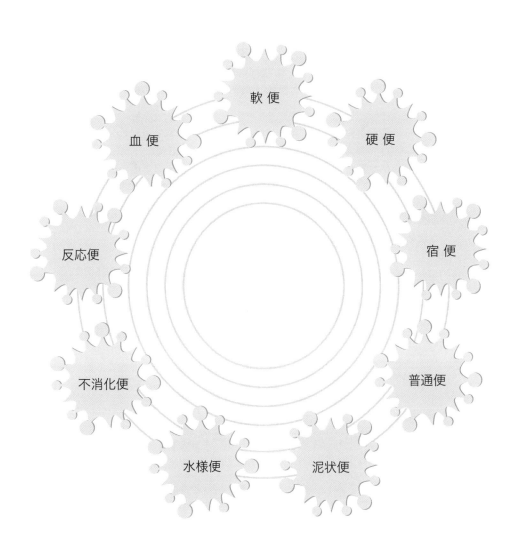

▶「便」に関する考え方と具体的な表現例

表現	意味	考え方	具体的な表現例
軟　便	軟らかな便をいいます	下痢にまでは至らないが，軟らかな便であれば「軟便」という表現を用います	▶多量の黄色い軟便が見られた ▶少量の黄褐色の軟便の排出が見られた
硬　便	短く固まった便やコロコロと小さな状態の硬い便をいいます	「硬便」という表現は，慣用的に用いられています	▶少量の茶褐色の硬便が見られた ▶多量の黄褐色の硬便の排出が見られた
宿　便	腸内に長くたまっている便をいいます	たとえば，4日間便秘が続き，5日目に排便があったらそれは宿便とはかぎりません	▶4日間排便がなく，5日目に多量の茶褐色の排便が見られた
普通便	形のある軟らかくも硬くもない，表面がなめらかな便をいいます	「普通便」という表現は，慣用的に用いられています	▶少量の黄褐色の普通便が見られた ▶多量の茶褐色の普通便が見られた
泥状便	形がなく泥のような便をいいます	「泥状便」という表現は，慣用的に用いられています	▶多量の茶褐色の泥状便が見られた
水様便	水のような便をいいます	「水様便」という表現は，慣用的に用いられています	▶少量の黄色い水様便が見られた
不消化便	食べた物が消化されずに排泄された便をいいます	「不消化便」という表現は，慣用的に用いられています	▶少量の黄色の不消化便が見られた ▶少量の黒褐色の不消化便の排出が見られた
反応便	下剤や浣腸などの後に出る便をいいます	「反応便」という表現は，慣用的に用いられています	▶多量の黄褐色の反応便が見られた ▶多量の茶褐色の反応便が見られた
血　便	血液が混ざっている便をいいます	「血便」かどうかは，医学的判断を必要とします	▶多量の赤黒い便が見られた ▶少量の黒褐色の便が見られた

 血便については，陰部周辺の傷，腟，パット，痔などの出血と間違えやすいので注意する必要があります。状況によっては看護師と一緒に確認します。

1章 介護記録とは

2章 記録のルール

3章 記録の書き方の基本と手順

4章 業務日誌・ケース記録の書き方

5章 生活場面別・状況別の記録の書き方

6章 排泄の介助における記録の書き方・おむつ交換

7章 ヒヤリハット・事故報告書の書き方

8章 より良い介護記録にするために

注意2 「便」の色については，血便が混じっている場合もあるため記録することが必要です。

参考

「浣腸」「摘便」について

「浣腸」とは，肛門に液体を入れて腸を刺激し，腸の動きを活発にして便を出すことをいいます。便秘の治療や検査の際などに腸管内の排泄物を除去するために行います。浣腸は医療行為ですが，市販の浣腸薬を使用したときは原則として医療行為にはなりません。

「摘便」とは，便が出ないときに肛門に指や器具を入れて便を出すことをいいます。これは医師の指示により基本的には看護師が行います。

⑲ 尿の表現例

　職員が，利用者の「尿」に関する表現として，「混濁尿」「濃縮尿」「膿尿」「血尿」「頻尿」「多尿」などを用いることがありますが，これらの表現は医学的判断を必要とするものなどが含まれており，好ましい表現ではありません。

　ただし，これらの表現は，医師の診断がされた後に，職員が記録として用いることはできます。診断などの前に職員が用いることのできるこれらに代わる表現として，どのようなものがあるかを次に示します。

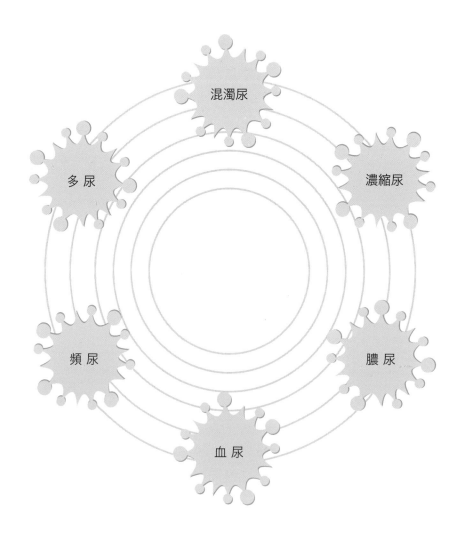

▶「尿」に関する考え方と具体的な表現例

表現	意味	考え方	具体的な表現例
混濁尿	細菌や赤血球，膿尿などが混ざり混濁した尿をいいます	「混濁尿」は，肉眼的には判断しにくいこともあります。「混濁尿」かどうかは，医学的判断を必要とします	▶少量の黄色く濁った尿（排尿）が見られた ▶少量の赤黒く濁った尿（排尿）が見られた ▶少量の白濁した尿（排尿）が見られた
濃縮尿	尿の比重が一定以上になった濃縮された尿をいいます	「濃縮尿」は，尿の比重を測定しなければわかりません。「濃縮尿」かどうかは，医学的判断を必要とします	▶多量の黄色い透明な尿（排尿）が見られた ▶少量の赤黒くドロドロした尿（排尿）が見られた ▶少量の黄褐色のドロドロした尿（排尿）が見られた
膿　尿	白血球が一定以上に混ざった尿をいいます	「膿尿」は，顕微鏡で見なければわかりません。「膿尿」かどうかは，医学的判断を必要とします	
血　尿	赤血球が混ざった尿をいいます	「血尿」は，主に顕微鏡で見なければわかりません。「血尿」かどうかは，医学的判断を必要とします	▶少量の赤褐色の尿（排尿）が見られた ▶少量の赤い尿（排尿）が見られた
頻　尿	1日の排尿回数が，一般に8〜10回以上のことをいいます　夜間の頻尿は，一晩に3回以上をいいます	「頻尿」かどうかは，一定の時間内の回数を把握しなければわかりません	▶午前中に○回の排尿があった
多　尿	1日の尿量が2,000〜3,000mL以上のことをいいます	「多尿」かどうかは，1日当たり，あるいは一定の時間当たりの尿量を把握しなければわかりません	▶ここ2〜3日，1日の尿量が以前と比べて多くなった

 血尿については，陰部周辺の傷，腟，パット，痔などの出血と間違えやすいので注意する必要があります。状況によっては看護師と一緒に確認します。

 「きれいな尿が見られた」という表現を用いる方がいますが，「尿」は細菌などが混ざり，決してきれいなものではありません。このような場合に「きれいな」という表現は不適切です。これに代わる表現としては「透明な」が正しいです。

1章　介護記録とは
2章　記録のルール
3章　記録の書き方の基本と手順
4章　業務日誌・ケース記録の書き方
5章　生活場面別・状況別の記録の書き方
6章
7章　ヒヤリハット・事故報告書の書き方
8章　より良い介護記録にするために

⑳ 睡眠の様子の表現例

　職員が，利用者の「睡眠」に関する表現として，「良眠」「熟眠」「安眠」「傾眠」などを用いることがあります。

　また，睡眠に関する表現については，利用者が眼を閉じているだけで眠っていないことがあるため，利用者の眠っている様子をしっかりと観察，確認し，可能な範囲で「寝息（呼吸音），いびき，うわごと，歯ぎしり，寝顔，寝姿，布団の位置」などを記録します。

　特に「寝息（呼吸音），いびき」については，どのように聞こえたのか記録に残すことが大切です。記録としてどのような表現を用いるのがよいかを次に示します。

▶ 好ましくない表現例

✕ 良眠していた	よい眠りかどうかは利用者に確かめる必要があり，見ただけではわかりません。「良眠」という言葉は，一般の辞書には見られません
✕ 熟眠していた	「熟眠」とはぐっすり眠ること。熟眠したかどうかは利用者に確かめる必要があり，見ただけではわかりません
✕ 安眠していた	「安眠」とはぐっすりと気持ちよく眠ることをいいます。安らかな眠りかどうかは利用者に確かめる必要があります。見ただけではわかりません

▶ 好ましい表現例

〈寝息(呼吸音)，いびき，寝言，うわごと，歯ぎしり〉
　・スースーと寝息を立てて眠っていた。
　・スースーと呼吸音を発しながら眠っていた。
　・プープーと呼吸音を発しながら眠っていた。
　・グウグウといびきをかきながら眠っていた。
　・ガーゴーと時々大きないびきをかきながら眠っていた（ほかの利用者が目覚めていないか確認したが眠っていた）。
　・「いいよ，いいよ」と寝言を言いながら眠っていた。
　・小声で「ブツブツ」とうわごとを言いながら眠っていた。
　・「ギーギー」「カチカチ」と歯ぎしりをしながら眠っていた。
〈寝顔，寝姿，布団の位置など〉
　・穏やかな表情*で眠っていた。
　・眠っていた。穏やかな寝顔*であった。
　・苦しそうな表情で眠っていた。
　・時々寝返りをうちながら眠っていた。

・布団をけとばして眠っていた（静かに布団を掛け直したので本人に気づかれることはなかった）。
・肩まで布団を掛けて眠っていた。

＊「穏やかな表情」「穏やかな寝顔」は主観的判断ですが，寝顔を観察した結果「穏やか」な表情であれば利用者の様子としてわかりやすい表現です。

 「巡回時にはベッドで寝ていた」という記録では，「眠っていた」「横になって」とも解釈ができます。記録としてあいまいな表現です。たとえば「巡回時スースーと寝息を立てながら寝ていた」であれば明確な記録になります。

参考

「夜間不眠」という記録

夜間の巡回時に利用者が「目をさましている」状況だけを見て「巡回時，居室で目をさましていた。夜間不眠」という記録は不適切です。

不眠とは眠らないこと，また眠れないことをいいます。この利用者の場合，たまたま①トイレに行きたくて目をさました，②空腹のため目をさました，③のどが渇いて目をさました，④人の気配を感じて目をさました，など様々な理由が考えられます。

単にそのときの状況だけを見て「夜間不眠」という記録は，適切なケアにつながりません。このような場合は，利用者に声をかけて，本人が話したことや会話の内容，職員が対応したことについて記録します。

▶ 好ましくない表現例

 傾眠していた	「傾眠」とは意識障害の一つです。うとうとと眠っているような状態で，呼びかけるなど刺激により目覚めるが，止めると再び眠ってしまうことをいいます。病的な状況で意識が低下しているときなどに医師が使う用語です。「傾眠」かどうかは，医学的判断を必要とします

▶ 好ましい表現例

・うとうとしていることが多かった。
・居眠りしていることが多かった。
・うつらうつらしていることが多かった。

1 章　介護記録とは

2 章　記録のルール

3 章　記録の書き方の基本と手順

4 章　業務日誌・ケース記録の書き方

5 章　生活場面別・状況別の記録の書き方

6 章

7 章　ヒヤリハット・事故報告書の書き方

8 章　より良い介護記録にするために

21 薬を飲む場合の表現例

　利用者が，「薬を飲む」場合の表現として，「投薬（投与）」「与薬」「服用」「服薬」「内服」などがあります。

　記録としてどのような表現を用いるのがよいかを次に示します。

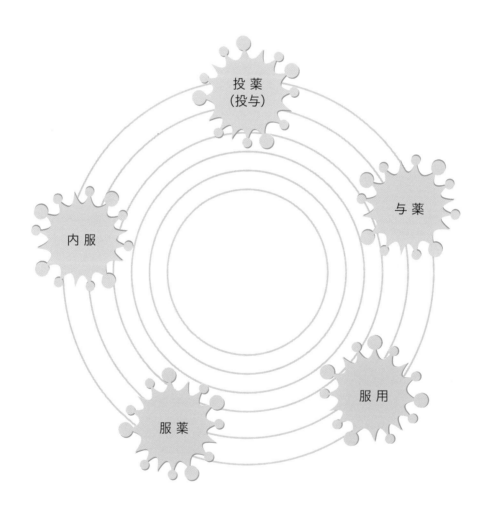

1 章　介護記録とは

2 章　記録のルール

3 章　記録の書き方の基本と手順

4 章　業務日誌・ケース記録の書き方

5 章　生活場面別・状況別の記録の書き方

6 章　個別の発信に対する記録の書き方と記入のしかた

7 章　ヒヤリハット・事故報告書の書き方

8 章　より良い介護記録にするために

「薬を飲む」場合に使われる表現例

▶「薬を飲む」場合の表現についての考え方と具体的な表現例

表現	意味	考え方
投薬（投与）	「疾病に適した薬剤を与えること。投与」（「広辞苑」，第6版）	「投薬（投与）」は看護師などの医療職が使う表現です
与　薬	一般の辞書には見られません。しかし，その意味は「投薬」と同じだといわれています。病院の看護記録では「投薬」よりも「与薬」のほうが多く使われています	「与薬」は「投薬（投与）」と同様，看護師などの医療職が使う表現です
服　用	薬を飲むことをいいます	「服用」や「服薬」「内服」は，薬を飲むときに用います
服　薬	薬を飲むことをいいます	
内　服	薬（内服薬）を飲むことをいいます	※「内服（内服薬）」は「外用（外用薬）」と対比して使うこともあります。「外用薬」とは，塗り薬，眼薬などをいいます

　このようなことから，介護職員は，「服用」や「服薬」「内服」を記録用語として用います。

　なお，薬の名称は，「胃薬，頭痛薬，整腸剤，下剤」あるいは「錠剤，カプセル剤，粉薬，坐薬」などではなく「商品名」を正確に記録します。同じ種類の薬も多いもので10数種類あるため，後日どの薬を飲んだのか間違えないためです。

　また，夜間などで看護師がいない場合，薬は何錠，何包，何mLなど服用した量を明確に記録します。

「服用」および「服薬」「内服」を用いた記録の例

▶「服用」「服薬」を用いた場合

例
・○○看護師の指示により△△薬を 2 錠わたし，本人は服用した。
・夕食後，排便が○日間ないため○○看護師に知らせた。看護師の指示により△△薬を 1 錠服用させた。
・○○看護師の指示により△△薬を 2 錠わたし，本人は服薬した。

▶「内服」を用いた場合

> 例　・本人が「○○薬を1錠，内服した」と言った
> 　　・本人から「○○薬を1錠，内服した」と話があった
> ※「内服」という表現は，一般的に利用者自らが薬を飲む行為を表します。

参考

使役表現「させた」について

　「服用させた」の「させた」という表現は，「意図的にそのようにさせた」という意味（使役表現）です。使役とは自分がするのではなく，人に何かをさせることです。「人にさせる」という意味が強くなると「一方的に」「無理やりに」指示，命令したということになります。使役には幅広い意味があります。記録に際して単に「～させた」という表現を用いただけでは，一概に職員が「一方的に」「無理やりに」指示，命令したとは限りません。例文の「……看護師の指示により△△薬を1錠服用させた」は，看護師から指示を受けた介護職員が利用者に必要な薬を飲むことを説明し，その結果本人（利用者）は自力で飲んだという意味です。「職員の一方的に」「無理やりに」という行為者主体の高圧的表現ではなく，ケアが必要な利用者に対して必要適切な指示，支援を看護師，介護職員が行い利用者自身に自立的行動を働きかける行為です。

　使役表現にも幅がありますので，単に「させた」という語句だけでとらえるのではなく，前後の文意をふまえて意味を判断します。その他にも「促した」「飲ませた」「誘導した」という表現も同様の考え方です。

> **注意**　「看護師の指示により△△薬を1錠服用するように利用者にわたした」という記録も考えられますが，このような表現だと，服用の確認を行ったという旨の記録（例：「○○職員は1時間後，服用についての確認を行った」）がないかぎり，果たして利用者が飲んだかどうか定かではないということになります。最後まで利用者の行動を記載することが大事です。

22 観察の種類と使い分け

　観察には「様子観察」「状態観察」「全身観察」「経過観察」などがあります。これらの用語は、それぞれが厳格に使い分けされているわけではありませんが、一般的には次のように区分されています。

様子観察	▶直ちに処置する必要がない場合に用います。その状態などが治まるまで様子を観察します 例：……「念のため様子を観察するように」○○看護師から指示があった
状態観察	▶利用者の状態から、症状などの観察が必要になった場合に用います 例：本人から「朝起きたときから右の肘が痛い」と訴えがあった。状態観察を行ったところ、右肘外側に直径約1cmの浅い傷があり、極少量の血がにじんでいた。腫れやあざなどは見られなかった。……
全身観察	▶様子や状態などから、利用者の全身を観察する必要がある場合に用います 転落や転倒、身体状態が低下したとき、また、入浴のときにも皮膚の状態など全身の観察をします 例：食堂で車椅子から立ち上がろうとしたが、足がふらついて床に右膝から崩れるような格好で右側臥位状態になった。すぐに近寄って声をかけると、「右膝が痛い」と訴えた。全身観察を行うと、右膝に直径約1cmの浅い傷があり、少量出血していた。腫れやあざなどは見られなかった。……
経過観察	▶転倒後、発熱後、外傷などの後に、経過を観察する必要がある場合に用います 「経過を観察する」という表現を記録上用いる場合は、「何」を「だれ」からの指示で経過を観察するのかを明確にします 例：「痛みや腫れなどについて経過を観察するように」○○看護師から指示があった

注意　医師の診断を必要とするもの（例：骨折の疑いがあるとき、転倒、転落により頭部を打撲したとき、ほかの利用者が飲む薬を誤って飲んだとき）を、受診せずに「経過観察する」ことは避けなければなりません。

1章　介護記録とは
2章　記録のルール
3章　記録の書き方の基本と手順
4章　業務日誌・ケース記録の書き方
5章　生活場面別・状況別の記録の書き方
6章　細かな決まりに対する記録の書き方と対応のしかた
7章　ヒヤリハット・事故報告書の書き方
8章　より良い介護記録にするために

第6章

認知症の各症状に対する記録の書き方と対応のしかた

① 認知症ケア

認知症の各症状に対する記録

　認知症の症状はほぼ全員に共通して出現する「中核症状（記憶障害，見当識障害，実行機能障害，理解・判断力の低下，失行，失認，失語など）」と中核症状を基盤に人によっては出現する「行動・心理症状〈behavioral and psychological symptoms of dementia；BPSD〉（徘徊，幻覚，妄想，暴言，暴力，異食，睡眠障害など）」に大別されます。職員はそれぞれの症状に応じた支援，対応が求められています。利用者の発した言葉，行為，行動などに加えて笑顔，楽しさ，怒り，不安，悲しさなどの様子もありのままに具体的に記録します。

　また職員がどんな声かけをしたのかを含め，行った支援や対応などを記録に残すことは，ほかの職員の参考になるとともに今後の対応に活かすことができます。これらの記録は診察の際の情報にもなります。

 暴言，暴力，不穏，拒否，抵抗の表現

　　認知症の方の「行動・心理症状（BPSD）」の中で用いられる，暴言，暴力，不穏，拒否，抵抗などの表現は職員の受け止め方によって違います。記録の際は，これらの表現は好ましくありません。利用者が発した言葉，行為，行動などを具体的に記録します。

認知症ケア，記録のための観察ポイント

●表情や様子はどうか
例）・険しい表情をしていないか
　　・イライラした様子はないか
　　・ぼんやりしていることはないか
　　・突然怒りだす，泣きだすことはないか
　　・穏やか，柔和，楽しそうな表情がうかがえるか
　　・笑顔，喜んでいる，イキイキとした様子がうかがえるか
　　・普段と異なる様子はないか

●心身・健康状態はどうか
例）・元気があるか
　　・顔や口唇の色は悪くないか
　　・手や足が冷たくないか

・皮膚が乾燥していないか

・浮腫はないか

・運動不足はないか

・落ち着きがないか

・不安な気持ちはないか

●歯・喉(のど)はどうか

例)・噛(か)む力はどうか

　　・義歯は適合しているか

　　・飲み込みはどうか

●中核症状はあるか

例)・記憶，理解，計算，判断力が低下していないか

　　・日時，場所，人の認知はどうか

●行動・心理症状〈BPSD〉はあるか

例)・徘徊，幻覚，妄想，暴言，暴力，異食，睡眠障害，昼夜逆転などはあるか

●各症状に応じた支援や対応をしたか

例)・傾聴・共感する

　　・会話の機会を持つ

　　・共感して一緒に探す

　　・散歩に誘ったり，外出をする

　　・付き添って歩行の見守りをする

　　・事務室等に誘導して本人の好きな飲み物などを提供する

　　・気分転換を図る

　　　（交流，作業，レクリエーション，音楽，園芸，趣味活動など）

　　・適度な運動をする

参考

　「傾聴」とは，積極的に聴くこと。相手の気持ちに寄り添いながら，耳，目，心を使って話を聴くこと。

　「共感」とは，相手の気持ちや体験・経験を自分のこととして共有し，理解すること。

1章　介護記録とは

2章　記録のルール

3章　記録の書き方の基本と手順

4章　業務日誌・ケース記録の書き方

5章　生活場面別・状況別の記録の書き方

6章　認知症の各症状に対する記録の書き方と対応のしかた

7章　ヒヤリハット・事故報告書の書き方

8章　より良い介護記録にするために

2 攻撃的な言動（暴言, 暴力）の記録と対応のしかた

 悪い例

▷18：00　食堂で職員に対し暴言，暴力行為が複数回あった。

 良い例

▷18：00　食堂で食事を持っていくと，職員に対し突然「馬鹿やろう」と大きな声を発し，つばを吐きかけ，足を蹴ることが複数回あった。「どうしたのですか，何かありましたか」と声をかけるが，興奮が高まり言動が激しくなったため「お部屋でお話を伺います」と冷静に話しかけ居室に移動した。興奮がおさまってから居室で日頃本人が大切にしているアルバムを見せると家族のことを話しだした。20分ほど耳を傾けていると次第に穏やかな表情になった。

［解説］

　「暴言，暴力行為が複数回あった」の記録では「どのような場面で，どのような言葉」が発せられ，「どのような態度や行為」が行われたのかわかりません。暴言，暴力行為であるかどうかは職員の受け止め方によって違います。利用者が発した言葉，行為や職員が声かけをした内容を含め，行った対応や対応後の利用者の様子などを具体的に記録します。

　なお暴言や殴る，蹴るなどの言動が見られる場合，基本的には複数（2人）の職員で対応し，冷静に穏やかな声で接することが大事です。状況によっては，一度その場から離れて様子をみます。

※「認知症利用者の行為，行動に対する記録とコミュニケーション」p.155〜156を参照

3 行動・心理症状（BPSD）
攻撃的な言動（不穏）の記録と対応のしかた

 悪い例

▷18：10　食堂で不穏な様子が見られた。

良い例

▷18：10　食堂で夕食中，険しい表情で同じテーブルの利用者全員に「馬鹿や
ろう，まぬけ」などの，ば声を浴びせるとともに，コップを投げつける行動
をとり，突然感情の混乱した様子が見られた。
声をかけようと近寄ると職員の左腕を強く握りしめて，手の平の皮膚をつねっ
た。強い痛みではなかったため無理に振りほどこうとせずに，そのままの状
態でやさしく肩や背中をさすりながら，「どうしたのですか，何かありました
か，大丈夫ですよ」と穏やかな口調で声をかけていくうちに次第に落ち着き
が見られるようになった。本人の同意を得て居室に誘導した。

解説

　「不穏」とは，穏やかでないこと，険悪，普段と異なっている様子をいいます。「不
穏な様子が見られた」の記録では，「どのような場面で，どのような行為」が行わ
れ「どのような言葉」が発せられたのか不明確です。「不穏」であるかどうかは受
け止め方によって違います。具体的な行為や言葉を記録します。また職員がどんな
声かけをしたのかを含め，行った対応や対応後の利用者の様子などについて記録し
ます。

　なお職員が本人の話を聞きながら大きく頷いたり，手や背中などにやさしく触れ
ることで気持ちがおさまることがあります。

※「認知症利用者の行為，行動に対する記録とコミュニケーション」p.155〜156
を参照

1 章　介護記録とは
2 章　記録のルール
3 章　記録の書き方の基本と手順
4 章　業務日誌・ケース記録の書き方
5 章　生活場面別・状況別の記録の書き方
6 章　認知症の各症状に対する記録の書き方と対応のしかた
7 章　ヒヤリハット・事故報告書の書き方
8 章　より良い介護記録にするために

行動・心理症状（BPSD）
4 介護への抵抗の記録と対応のしかた

 悪い例

▷10：20　脱衣介助時に入浴拒否。

良い例

▷10：20　脱衣室で「お風呂に入りましょう」と声をかけ脱衣介助しようと上着に手をかけると「触るな，何で風呂に入るんだ」と大きな声を発し，職員の手を振り払った。「どうしたのですか，どこか体の具合でも悪いのですか」と尋ねたが「てめえ，いい加減にしろ」と再び大きな声を出したので「お部屋に戻りましょうか」と言うと徐々に落ちつき頷いた。居室に移動すると何事もなかったかのように穏やかな表情になった。

解説

「入浴拒否」だけでは，利用者のそのときの様子がわかりません。職員が入浴を勧めたかどうかについてもわかりません。「拒否」であるかどうかは，職員の受け止め方によって違います。利用者のそのときの様子，状況，発した言葉を具体的に記録します。また職員が声かけした内容を含め，行った対応や対応後の利用者の様子などを記録します。

参考

利用者が入浴しない理由，原因には「今日は調子が悪いから入りたくない」「日中は入りたくない」「他人に服を脱がされたくない」「大勢の人の前で裸になりたくない」「異性の人と一緒に入るのではないか心配だ」「財布が盗まれるからいやだ」「失禁していることを職員に知られたくない」「水に対する恐怖心」など様々です。本人がなぜ拒むのか，その理由，原因を探り，強制することなく対応方法を考えていくことが大切です。

また状況によっては，手浴，足浴，全身清拭などの対応も考えられます。

なお浴室や脱衣室は利用者が「きれい，気持ちよい」と感じられるような環境を整えることが大事です。

1章 介護記録とは

2章 記録のルール

3章 記録の書き方の基本と手順

4章 業務日誌・ケース記録の書き方

5章 生活場面別・状況別の記録の書き方

6章 認知症の各症状に対する記録の書き方と対応のしかた

7章 ヒヤリハット・事故報告書の書き方

8章 より良い介護記録にするために

注意
認知症利用者の行為，行動に対する記録とコミュニケーション

職員は認知症利用者の行為，行動についてよく観察し，発した言葉や動作，行動などを記録します。職員は利用者の感情や不安，怒りなどについて，どのようなかかわり方でどんな声かけや支援，対応を行って心を和らげ落ち着かせたのか，あるいは落ち着かなかったのかを記録します。

■攻撃的な言動■

暴言・暴力・不穏 大きな声を上げる。たたく・ひっかく・蹴る・物を投げるなどの行動をする	介護への抵抗 食事・入浴・着替えを嫌がる 話を聞かない（受けつけない）

認知症利用者の攻撃的な言動（暴言・暴力・不穏，介護への抵抗）には，本人（利用者）なりの理由，原因，背景がありますので本人の気持ちを受け止めることが大切です。職員は目線を合わせ穏やかな口調で笑みを交えたり，相づちを打ったりしながら接し，利用者の言葉に耳を傾けることが大切です。そして利用者の言動からなぜそのようなことが行われたのか，その要因を全職員で検討，推察し利用者の心の叫びや動き，気持ちを探ることが必要です。たとえば利用者の攻撃的な言動の要因として以下のことが考えられます。

①「利用者の不安，不快，苦痛」として考えられること

例）・自分の思いをうまく伝えることができない不安

・わからなくなっていくことや施設の中にいることの不安

・自分にとって理解できないことをやらされていることの不快

・自分にとって嫌なことをやらされていることの苦痛

・自分の訴えを適切に表現できないことの苦痛

②「職員の不適切な対応」

例）・会話を交わすが利用者の声を真剣に聞こうとはしない

・利用者に対し大声で決めつけるような話し方をする

・強制的に食事をさせようとする

・強引に入浴させようとする，レクリエーションに参加させようとする

・利用者を尊重しない態度やケアをする

・プライバシーや羞恥心への配慮に欠けた行為をする

③「家族との関係」

例）・家族とのトラブル

・関係放棄

④「周辺環境面」

例）・慣れない部屋，食堂，廊下，浴室，利用者同士の関係

　　　・施設・事業所での集団生活

　このようなことが積み重なると利用者が次第にストレスをため，感情のコントロールができなくなり怒り出してしまうこともあります。

　認知症の方にも感情やプライドは強く残っていることから本人が嫌だという表情や言動を見せたときは，いったん距離をとり，離れて状況が変化するまで待ったり，ケアの内容を変更したり，ほかの職員と交代したり，関心をほかに向けるなどの対応をします。また攻撃的言動に対して職員が落ち着かせようとやさしい言葉をかけても状況によっては火に油を注ぐようなこともあります。このようなときは，落ち着くまで見守ります。職員はこのような利用者に対し「できる限りかかわらないようにしよう」という姿勢ではなく，日頃から自然な笑顔で声かけやスキンシップを図ったり，遠くからでも目にしたときは，会釈やアイコンタクトであいさつをし，コミュニケーションをとり，信頼関係を築くように心がけることが重要です。

　また，普段からレクリエーション，行事，活動，交流，作業，音楽，園芸，絵画，散歩，外出などの機会を紹介し気分転換を図ることも大事です。

　なお，状況に応じては認知症の専門医を受診し，医療と介護との連携を図りながら全職員が情報を共有し，組織（施設・事業所）全体で統一したケアの方針を定め，支援，対応していくことも必要です。

行動・心理症状（BPSD）

⑤ 帰宅願望の記録と対応のしかた

 悪い例

▷18：50　食堂で帰宅願望，興奮気味。

◯ **良い例**

▷18：50　夕食後に食堂でテーブルを叩き，大きな声でいくども「家に電話しろ，家に帰る」と言い混乱した様子が見られた。
「今日はもう遅いので，明日の朝帰りましょう」と伝えたが，本人は「家に帰る」と繰り返すため，事務室のソファーに誘導し大好きなコーヒーを勧めた。半分くらい飲んだところで本人は「おいしい」と言い，柔和な表情になり態度も落ち着きが見られるようになったが，帰宅したいという強い思いをくりかえし訴えた。

解説

「帰宅願望，興奮気味」だけでは，利用者が「どのような態度や行為」を行い，「どのような言葉」を発したのかわかりません。

また，職員がどんな声かけをしたのかを含めたその後の対応も不明です。利用者のそのときの行動や様子，発した言葉，職員がどんな声かけをしたのかを含め行った支援，対応や対応後の利用者の様子などについて具体的に記録します。

参考

施設に入所した利用者が自分の家に帰りたいと思うのは当然のことです。職員は「いつもと同じことを言っている」と思うのではなく，何よりも本人の気持ちを受け止めることが大切です。

「自分のことがわからなくなることの不安から，ここにはいたくない」「施設の中にいることの不安」「子どもたちに食事の支度をしなくてはいけない」「家を留守にしているので，部屋の清掃をしないといけない」「自宅が心配だから帰る」「娘が待っているから帰りたい」「昔の家に帰りたい」「故郷に帰りたい」など帰宅願望には様々な訴えがあります。また「帰りたい」理由や場所は人によって違います。なぜ帰りたいのか理由を探ることが大事です。

「一緒に帰りましょう」と言って施設の周りを散歩したり，外出をする。「今日は

遅いので明日にしましょう」と問いかけたり，「お食事をしてからお帰りになりませんか」「おやつを食べてからお帰りになりませんか」などとやさしく話しかけたりして本人の関心をほかに向けるようにします。

　また，ショートステイの利用者については，前述の対応のほかに「明日になれば家族の方が迎えに来てくれます。安心してください」などと話しかけたり，状況によっては「家族の方から電話をしていただく」ことも考えられます。

　本人が興味・関心のあることや得意なことをあらかじめ把握し，何よりも声かけを通して本人が「落ち着く」「安心する」対応が大事です。そしてこの施設・事業所にいたい，いてもよいと思えるような環境を整えることも重要です。

1章 介護記録とは

2章 記録のルール

3章 記録の書き方の基本と手順

4章 業務日誌・ケース記録の書き方

5章 生活場面別・状況別の記録の書き方

6章 認知症の各症状に対する記録の書き方と対応のしかた

7章 ヒヤリハット・事故報告書の書き方

8章 より良い介護記録にするために

行動・心理症状（BPSD）

⑥ 徘徊の記録と対応のしかた

 悪い例

▷23：30　巡回時に廊下や居室内を徘徊していた。

良い例

▷23：30　巡回時に廊下や居室内を歩き回っていた。「どうしましたか，眠れないのですか」と声をかけるが返答はなかった。居室ではゴミ箱の中をのぞいたり，ほかの利用者のたんすの引き出しを開けたり，床の色の違う部分をはがそうとしていた。

「何を探しているのですか，一緒に探しましょう」と声をかけると本人は頷いた。しばらくは転倒しないように寄り添いながら見守った。疲れてきた様子が見られたので「お疲れでしょう，一休みしませんか」と声をかけた。立ち止まったので「みんな寝ていますから，明日一緒に探しましょう」と言い臥床を勧め，手をつなぎ介助しながら布団に誘導した。

【解説】

「廊下や居室内を徘徊していた」だけでは，利用者のそのときの具体的な様子がわかりません。利用者がどのような行動をとり言葉を発したのか，職員が声かけした内容を含め，行った支援，対応や対応後の利用者の様子（表情，言動）などについて具体的に記録することが大切です。

参考

　歩き回っている利用者には，ただ単に歩き回っているのではなく，何らかの理由があります。なぜそのような行動をするのか理由を探りながら対応することが必要です。

　「家に帰る」「仕事に行く」「何かを探している」「トイレの場所を探している」「人の後についていく」「施設の中にいることの不安，不快」「ストレス」など様々な理由があります。

　歩き回っている利用者については，転倒などの恐れがなければ直ちに阻止するのではなく，近くで様子を見守り，状況に応じ付き添って会話を交わしたり，何かを探して歩き回っているようであれば一緒に探したり，トイレに誘導したりします。

職員の巡回時の場合は，一緒に歩いたり，事務室に誘導し，飲み物などを出しながら落ち着くまで様子をみたりします。夜間の徘徊については，何よりも利用者が眠れるような状況をつくり出すことが大事です。

また日頃から散歩や外出できる時間を設けたり，本人が興味を示すようなレクリエーション，活動，作業，音楽などを紹介し，この施設・事業所にいたい，いてもよいと思える環境を整えることも重要です。

7 不潔行為の記録と対応のしかた

 悪い例

▷16：20　排泄介助のため居室に行くと不潔行為があった。

 良い例

▷16：20　排泄介助のため居室に行くと，便を洗面台の鏡に擦りつけてあり，手や上着，ズボンが汚れていた。
「○○さん気持ち悪かったでしょう，気づかずにすみませんでした。きれいにしましょう」と声をかけながら，居室内のトイレに誘導し，両手を洗浄，消毒し，お尻を拭いてから上着，ズボン，おむつを交換した。鏡も清掃した。本人は「ありがとうございました」と言った。

解説

　「不潔行為があった」の記録だけでは，利用者が「どのような行為」をしたのかが不明です。具体的な行為を記録します。なお「不潔」という文言は，利用者に対して人権問題ともなるので注意が必要です。

　「不潔行為」という表記は，利用者や家族の方がこのような記録を読んだときに，どのような行為なのか理解できません。また行為内容の説明を受けた後，どんな思いになるか考えなければなりません。「不潔行為」に代えて「弄便行為」「便こね」などの表現をしても同様です。このような場合は，職員が目にしたことをありのまま具体的に記録します。また，職員がどんな声かけをしたのかを含め，行った対応や対応後の利用者の様子などについてもしっかりと記録に残すことが大切です。

参考

　大便をこねたり，壁，家具にこすりつけたりするなどの行為は，主に「おむつの中の便が気持ち悪いなど便が肌に触れることによる不快感」や「トイレの場所がわからないため失禁」したり，「排便という認識がないこと」など様々な原因があります。

　食事や飲み物，運動に配慮し，不安を解消するなど，すっきりと排泄できる環境を整えたり，排便時間を把握し定期的にトイレに誘うことが大切です。また職員はこのような利用者については普段から早く気づくように心がけることも必要です。

1章　介護記録とは
2章　記録のルール
3章　記録の書き方の基本と手順
4章　業務日誌・ケース記録の書き方
5章　生活場面別・状況別の記録の書き方
6章　認知症の各症状に対する記録の書き方と対応のしかた
7章　ヒヤリハット・事故報告書の書き方
8章　より良い介護記録にするために

行動・心理症状(BPSD)

異食の記録と対応のしかた

 悪い例

▷ 1：35　巡回時に口の中にティッシュペーパーを含んでいるところを発見した。

良い例

▷ 1：35　巡回時，居室に行くとベッドに座り，口の中にティッシュペーパーを含んでいるところを発見した。「何を食べているのですか」とやさしく声をかけながら飲み込まないよう注意し，口の中からティッシュペーパーを取り出した。口の中を確認したところまだ残片があった。「私にください」と声をかけると口を開いたので残りのティッシュペーパーを取り出した。ティッシュペーパーやベッドサイドに置いてあったタオル，塗り薬，体温計については事務室で保管することを本人に伝え対応した。今は夜中の1時35分だと知らせ「みんな寝てますから寝ましょう」と言うと本人は頷いた。

解説

「発見した」ということだけではなく，利用者を観察した結果行った対応，対応後の利用者の様子などについて具体的に記録します。

　上記事例（良い例）のような場合，いきなり口から取り出そうとすると利用者が驚いて歯を食いしばったり，口を閉ざしたり，物を飲み込んでしまうこともあります。物によっては口の中を傷つけてしまう恐れもあります。取り出すときは十分に注意する必要があります。

参考

　異食とは食べられないものを口に入れて食べてしまうことです。異食行動には「不安」「寂しさ」「ストレス」「食物かどうかの見分けがつかない」「空腹」など様々な原因や理由があります。一つひとつの原因などを探りながら組織（施設・事業所）としてどのような支援，対応方法がいいか検討する必要があります。また，異食につながる恐れのあるものを置かないよう環境を整えることは大事です。しかしベッド周辺のものをすべて取り除いてしまうと居室が閑散としてしまうため，口の中に入らないものや入れても問題ないようなものを置き，心を和ませるなどの工夫も必要です。

1 章 介護記録とは

2 章 記録のルール

3 章 記録の書き方の基本と手順

4 章 業務日誌・ケース記録の書き方

5 章 生活場面別・状況別の記録の書き方

6 章 認知症の各症状に対する記録の書き方と対応のしかた

7 章 ヒヤリハット・事故報告書の書き方

8 章 より良い介護記録にするために

9 行動・心理症状（BPSD）
性的言動の記録と対応のしかた

 悪い例

▷19：40　居室でおむつ交換時に性的行動があった。

○ **良い例**

▷19：40　居室のベッドでおむつを交換する際に，胸やお尻を触ってきたので，とっさに避けながら，その手をやや強く握り「○○さん突然触ろうとするからびっくりしました。そんなことされると，私とても悲しくなってしまいます」と話すと一瞬きょとんとした表情を見せたが行動は収まった。その後は何事もなかったかのようにおむつ交換に応じた。

解説

「性的行動があった」の記録だけでは利用者が「どのような行動」をしたのかが不明です。利用者のそのときの様子や発した言葉，職員が声かけした内容や行った対応および対応後の利用者の様子について具体的に記録します。

参考

職員は利用者のこうした行動に対して状況に応じて手を握ったり，背中や肩をやさしくさすりながら自尊心を傷つけないような言葉をかけたり，動作でさりげなくかわす方法などを身につけることが必要です。

利用者の性的言動は，上記の事例以外にも，たとえば「後ろからいきなり抱きつく」「卑猥（ひわい）な言葉をかける」「一緒に寝ようとベッドに誘う」「一人ではうまくできないと言って陰茎（いんけい）を触らせる介助を求める」「移乗介助時に尻を触る」「入浴の介助時に胸や顔，耳を触る」「いいもの持っているねと言って股間を触る」などがあります。このような言動には「不安」「不快」「寂しさ」「ストレス」など様々な原因，理由があります。一つひとつ原因などを探りながら組織（施設・事業所）としてどのような支援，対応方法がいいか検討する必要があります。

またレクリエーション，行事，ボランティア活動などで男女の交流を取り入れる工夫や性的言動以外のことに関心を向け，楽しめることを探すなどの環境を整えることが大切です。

不潔行為，異食，性的言動の記録

　不潔行為，異食，性的言動の記録については，事実をありのまま書くとあまりにもリアルすぎるということから遠回しに表現したり，柔らかく抽象的に書くことがあります。しかし，このような書き方をすると，後日記録を読み返したときに当時の様子を正確に確認することができません。このため，職員が目にしたこと（観察したこと），聞いたことの事実をありのまま正確に記録することが大切です。

　職員がどんな声かけをしたのかを含め，行った対応や対応後の利用者の様子を記録することが特に重要です。このことにより，その後に職員間で情報が共有され，利用者や家族などに正しく説明できる記録となります。

1章 介護記録とは

2章 記録のルール

3章 記録の書き方の基本と手順

4章 業務日誌・ケース記録の書き方

5章 生活場面別・状況別の記録の書き方

6章 認知症の各症状に対する記録の書き方と対応のしかた

7章 ヒヤリハット・事故報告書の書き方

8章 より良い介護記録にするために

行動・心理症状(BPSD)
10 幻覚の記録と対応のしかた

 悪い例

▷13：30　排泄介助のため居室に行くと幻覚の発言が聞かれた。

良い例

▷13：30　排泄介助のため居室に行くと，本人は眉間にしわを寄せた険しい表情で「ベッドに蛇がいる，驚いた」と訴えた。背中に手をやさしく添えながら「大丈夫ですよ，外に逃げたみたいです。安心してください」と言うと，「う〜ん，それならいいけど」と言い，落ち着いた様子が見られるようになった。「今度きたらコールしてください，そのときは私が追い払いますから」と伝えると笑みが見られた。

【解説】

「幻覚」の判断は医師でなければできません。幻覚と思われる場合は，利用者が訴えたありのままの言葉，口調，表情，行動や職員が声かけした内容を含め，行った対応や対応後の利用者の様子などを具体的に記録します。このようなことを記録に残すことは診察の際の情報となります。

【参考】

「幻覚」とは，幻視や幻聴など実際には存在しないものが見えたり，聞こえたりすることをいいます。幻覚と思われる訴えをしてきた場合は，本人の訴えに耳を傾けて対応することが大事です。

「ベッドに蛇がいる」以外に，たとえば「ベッドにたくさんの虫がいる」「ベッドに大勢の子どもが座っている」「天井裏に知らない男がいる」「私の腕に虫がいる」「床にたくさんの蟻が這っている」「床から水が溢れ出てくる」などの訴えに対しては，職員は「大丈夫です，今はいませんよ」「私が水を払います」と言ってそのような仕草をしてから，「もうなくなりました」などと本人が安心できるような声かけなどが必要です。また「私と一緒にお茶でも飲みませんか」と言って事務室に誘うことで利用者に安心感が生まれます。どのような支援，対応で安心するかを考え，効果的な方法を見つけることが大切です。状況によっては専門医の受診が必要です。

11 行動・心理症状(BPSD)
妄想の記録と対応のしかた

 悪い例

▷20：30　着替えの介助をするため居室に行くと，妄想の発言が聞かれた。

 良い例

▷20：30　着替えの介助をするため居室に行くと，本人から「私の荷物が荒らされた，職員が財布を盗んだ」と訴えがあった。口調は激しく興奮しているような様子だった。肩に手を回し，やさしくさすりながら「それは大変ですね，なくなって困りましたね，一緒に探しましょう」と言って居室内を探していると，本人から枕の下にあったと財布を差し出した。「よかったですね」と伝えると笑顔が見られた。

[解説]

「妄想」の判断は医師でなければできません。妄想と思われる場合は，利用者が訴えたありのままの言葉，口調，表情，行動や職員が声かけした内容を含め，行った対応や対応後の利用者の様子などについて具体的に記録します。このようなことを記録に残すことは診察の際の情報となります。

[参考]

「妄想」とは事実ではないことを正しいと思い込むことをいいます。妄想は軽度のものから生活に支障をきたす重度まで様々です。上記の事例以外にも，たとえば「職員が時計を盗んだ」「娘がお金を持っていった」「長女が私の指輪を盗んだ」「隣の利用者がタオルを持っていった」「利用者が○○を盗んだ」など，ものを盗られたという妄想と思われる訴えをしてきた場合，職員は「それは大変ですね，なくなって困りましたね」「そんなことがあったんですね」などと本人の訴えに耳を傾け一緒に探し，本人が見つけることが大事です。場合によっては本人が発見できる状況をつくります。本人が訴えをやめないときは，関心をほかに向けることが必要です。またどのような支援や対応で安心するかを考え，効果的な方法を見つけることが大切です。状況によっては専門医の受診が必要です。

1章 介護記録とは

2章 記録のルール

3章 記録の書き方の基本と手順

4章 業務日誌・ケース記録の書き方

5章 生活場面別・状況別の記録の書き方

6章 認知症の各症状に対する記録の書き方と対応のしかた

7章 ヒヤリハット・事故報告書の書き方

8章 より良い介護記録にするために

12 行動・心理症状（BPSD）
失禁の記録と対応のしかた

 悪い例

▷13：20　食堂で尿失禁，下衣交換。

良い例

▷13：20　食堂内を落ち着かない様子で歩き回っていたため，近寄って耳もとで「トイレですか，一緒に行きましょう」と声をかけて，トイレに誘導したが，すでにズボンと下着が濡れていた。近くにいた○○職員がズボンと下着を取りに行き，その間に体を清拭した。「気持ち悪かったですね，お取り替えしますね」と言うと頷くだけで言葉はなかった。その後汚れたズボン，下着を交換した。「トイレに行きたくなったときは，声をかけてください」と伝えると本人は頷いた。

【解説】

「食堂で尿失禁，下衣交換」だけでは，なぜ尿失禁したのかわかりません。「体調が悪かったのか」「間に合わなかったのか」「尿失禁が頻繁にあったのか」「トイレの場所がわからなかったのか」などが考えられます。利用者の排泄したいというサインや，そのときの状況，様子，行動を具体的に記録することが大切です。また職員がどんな声かけをしたのかを含め，行った支援，対応や対応後の利用者の様子などについて記録します。

参考 1　**失禁**

失禁とは，自分の意に反して尿や便を漏らしてしまうことです。失禁は「トイレまで間に合わず漏らしてしまう」「せきをしたり，笑ったり，大声を出すことによってお腹に力が加わり漏らしてしまう」「トイレの場所がわからない」「便座の使い方がわからない」「下着がうまく脱げない」「薬の副作用」「加齢」「膀胱や前立腺などの機能障害」など様々な原因があります。

失禁を繰り返す利用者については，原因を探り，「失禁前にどのようにしてトイレに誘導するか」「失禁をどのように予防し改善を図るか」など組織（施設・事業所）として支援や対応について検討していく必要があります。状況に応じては専門医の受診も必要です。また利用者の排泄したいというサイン（例：落ち着かない様子，

椅子，車椅子から繰り返し立ち上がろうとする，きょろきょろして周りを見渡す，お腹を押さえたりする，あたりを歩き回る）を表情や動作などから読み取って，トイレに誘導することや利用者の排泄パターンを把握し，事前にトイレに誘導することが大切です。

参考 **2　放尿への対処方法**

放尿とは出してはいけない場所で尿を放出する行為をいいます。「トイレの場所がわからない」「記憶障害」「見当識障害」「薬の副作用」「膀胱や前立腺などの機能障害」など様々な原因から施設・事業所内の物陰や部屋の隅，ゴミ箱，床などに尿を放出することです。

一つひとつ考えられる原因を探ることが対応策につながります。状況に応じては専門医の受診も必要です。また利用者の排尿パターンを把握し定期的にトイレに誘導することや物陰や部屋の隅にポータブルトイレ（蓋なし）またはバケツを配置する，トイレと表示した貼紙をするなどの工夫が大事です。

なお，「放尿」には意図的，意識的に行う小便行為もあります。

行動・心理症状（BPSD）
⑬ 昼夜逆転の記録と対応のしかた

✕ 悪い例

▷ 3：40　廊下で大きな声を出していた。

○ 良い例

▷ 3：40　廊下を大きな声を出して歩いていたので「どうしましたか，眠れませんか」と尋ねたが返答はなかった。23時と1時50分の巡回時にも居室で椅子に腰かけ眠ってはいなかった。あまり寝ていないと思われたため「事務室で私と一緒に温かいココアでも飲みませんか」と誘うと本人は頷いた。ココアをカップ2／3ほど飲んだところで目をしょぼつかせ，うつろな表情になったので「眠りませんか」と声をかけ居室のベッドに誘導した。

解説

「廊下で大きな声を出していた」だけでは利用者のそのときの様子がわかりません。利用者の様子や発した言葉，職員が声かけをした内容や行った支援，対応などについて具体的に記録します。また対応後の利用者の様子を記録します。

> （注意）「眠れない」と訴えた利用者によっては無理に寝かせようとはせずに話を聞いたり，温かい飲み物などを提供し眠くなるまで様子をみることも必要です。また「お腹が空いた」と訴えた利用者については夕食時の食事の摂取量などを確認し，クッキー，バナナなどを提供することも考えられます。

参考

　昼夜逆転とは昼間はうとうとしたり，眠ったりして，夜になると眠ることができずに起きて行動することをいいます。眠れない原因は「体調の不良」「不安」「不快」「便秘」「空腹」など様々です。考えられる原因を探ることが対応策につながります。また日中，昼食後居室で2〜3時間寝てしまったりすると夜はなかなか眠れなくなります。一般的に昼寝は15〜20分くらいが効果的と言われています。

　日中はレクリエーション，行事，活動，作業，交流，散歩，外出などにより積極的に体を動かすことが重要です。また，日中の過ごし方を検討し見直すことで夜間眠れるようになることは多々あります。

1章　介護記録とは
2章　記録のルール
3章　記録の書き方の基本と手順
4章　業務日誌・ケース記録の書き方
5章　生活場面別・状況別の記録の書き方
6章　認知症の各症状に対する記録の書き方と対応のしかた
7章　ヒヤリハット・事故報告書の書き方
8章　より良い介護記録にするために

行動・心理症状（BPSD）

収集癖の記録と対応のしかた

 悪い例

▷16：20　引き出しの中にトイレットペーパーが詰まっていた。

良い例

▷16：20　居室に洗濯物を届けに行くと，引き出しの中にトイレットペーパーをしまおうとしていた。「何をしているのですか」と声をかけると本人は「大切なものをしまうところだよ」と答えた。引き出しの中を覗（のぞ）くと奥の方にトイレットペーパーがたくさん詰まっていた。「お持ちした衣類を引き出しの中にしまうと，入りきれないのでトイレットペーパーをいくつか預からせてください」と言うと，本人は「う～ん」とためらったが小声で「そうするわ」と答えた。トイレットペーパーは使用済のものはなかった。

解説

　「引き出しの中にトイレットペーパーが詰まっていた」だけでは，そのときの状況や利用者の様子がわかりません。利用者のそのときの様子や発した言葉，職員が目にした状況やどんな声かけをしたのかを含め，行った対応および対応後の利用者の様子などを具体的に記録します。

参考

　収集癖とは自分の興味あるものを集めてしまう癖のことをいいます。認知症の方の中には，トイレットペーパー，ティッシュペーパー，紙コップ，フォーク，おしぼり，新聞広告のチラシ，お菓子，ほかの利用者の衣類などを自分のたんすの中やベッドの下，床頭台（しょうとうだい）の上，小物入れなどに集めてしまうことがあります。こうした行動に対して職員は「そんなところにはしまってはいけません」「これはあなたのものではありません」と言うのではなく，いったん本人の行動を受け入れて対応することが大事です。利用者にとっては大切なものなので，収集物を見つけたら危険ではないものや衛生面などから問題がないときは，直ちに取り除くのではなく様子をみて，少しずつ片付けていきます。収集したものによっては，しばらくは取り除かずにそのままにしておくことも考えられます。

15 睡眠障害の記録と対応のしかた

 悪い例

▷ 1：40　巡回のため居室に行くと，椅子に座っていた。

良い例

▷ 1：40　巡回のため居室に行くと，椅子に座っていた。「どうしましたか，眠れませんか」と尋ねると本人から「眠れない」と訴えがあった。落ち着きがなくきょろきょろとあたりを見回していた。30分ほど寄り添って，いつも面会に来る長女の話を聞いているとあくびをして，眠そうになったので「眠りませんか」と言い介助しながらベッドに誘導した。

▷ 2：40　睡眠の様子を確認するため居室に行くと，寝返りを繰り返しながら眠っていた。

解説

「巡回のために居室に行くと，椅子に座っていた」だけでは，利用者の具体的な様子がわかりません。利用者のそのときの様子や発した言葉，職員がどんな声かけをしたのかを含め，行った支援や対応などについて具体的に記録します。

参考

認知症の方の睡眠障害は，なかなか寝つけない（入眠障害），夜中に目が覚めてしまう（中途覚醒），朝早く目が覚めてしまう（早朝覚醒），昼夜逆転などがあります。その原因や理由は，不安，不快，ストレス，薬の副作用，体調の不良，尿意，空腹感など様々です。一つひとつの原因を探ることが対応策につながります。昼間，ストレスや不快なことがあったり，うとうとしていることが多いと，夜になって眠れなくなることもあります。日中は体を動かして程よい疲労感が得られるような，レクリエーション，運動，活動，散歩，外出などをすることも大切です。なお状況に応じては専門医の受診も必要です。

また夜間に目が覚めると暗いので不安になり，大きな声でだれかを呼ぶこともあります。このようなときは，寄り添って声をかけたり，話を聞くことも大切です。

1章　介護記録とは

2章　記録のルール

3章　記録の書き方の基本と手順

4章　業務日誌・ケース記録の書き方

5章　生活場面別・状況別の記録の書き方

6章　認知症の各症状に対する記録の書き方と対応のしかた

7章　ヒヤリハット・事故報告書の書き方

8章　より良い介護記録にするために

行動・心理症状（BPSD）
夜間せん妄の記録と対応のしかた

 悪い例

▷ 2：10　居室で大きな声を出していた。独り言あり。

良い例

▷ 2：10　大きな声が聞こえたので居室に行くと，椅子に腰をかけ眉間にしわ
を寄せ険しい表情で「ブツブツ」独り言を言っていた。言っている内容は聞
きとれなかったが，「どうしましたか，眠れませんか」と尋ねると頷いた。
10分ほどそばに寄り添って背中や肩をやさしくさすっていると穏やかな表情
になった。「今は夜中です。眠りませんか」と声をかけベッドに誘導した。

【解説】

　「居室で大きな声を出していた。独り言あり」の記録では，そのときの利用者の
様子がわかりません。利用者のそのときの様子や発した言葉，職員が声かけをした
内容や行った支援，対応などについて具体的に記録します。

参考

　せん妄とは，意識障害の一つで，突然発生して言動が一時的に混乱した状態にな
ることを言います。通常は回復が可能で，一過性の症状です。

　夜間に現われる「夜間せん妄」は認知症の方に多く見られます。具体的な症状は，
「眠らない」「歩き回る」「ブツブツと独り言をつぶやいている」「大声を出す」「怒る」
「急におかしなことを訴える」「落ち着きがない」「ぼんやりしている」など様々です。

　せん妄の原因は，薬の副作用，病気，環境の変化，体調の悪化，便秘，不眠，不
安，不快，ストレスなど様々です。

　さらに高齢者の場合，身体機能の低下から脱水，高熱，痛みなどによって，せん
妄を発症することがあります。せん妄と思われる症状が出現した場合は，原因など
を探ることが大事です。また状況に応じては専門医の受診も必要です。

　せん妄の原因が環境の変化やストレス，不安などの場合は，日中体を動かして心
地よい疲れが得られるような運動，レクリエーション，散歩，昼寝などをすること
が大切です。

　その際はできるだけ太陽の光を浴びられる時間を設け，活動と休息のバランスを

整えます。夜間は十分に睡眠を確保し規則正しい生活を送れるように支援します。なお，利用者からの訴えに対しては，傾聴・共感して受容的に対応します。

　また夜中に目が覚めて，なかなか寝つけなくなったり，不安になり，大声でだれかを呼ぶこともあります。このようなときは，そばに寄り添って手や背中などにやさしく触れたり，声をかけたり，話を聞くことも大切です。

 注意　せん妄は病名ではなく状態を表す用語です。せん妄は認知症でない方でも症状が現われることがあります。

1章　介護記録とは

2章　記録のルール

3章　記録の書き方の基本と手順

4章　業務日誌・ケース記録の書き方

5章　生活場面別・状況別の記録の書き方

6章　認知症の各症状に対する記録の書き方と対応のしかた

7章　ヒヤリハット・事故報告書の書き方

8章　より良い介護記録にするために

中核症状
記憶障害の記録と対応のしかた

 悪い例

▷ 8：50　食堂で朝食を済ませたのに本人から「朝ご飯まだですか」と訴えがあった。

○ **良い例**

▷ 8：50　食堂で朝食を済ませたのに本人から「朝ご飯まだですか」と訴えがあった。「お腹が空きましたか，今食事の準備をしています。もう少し待ってください」と答え，「その前にトイレに行きませんか」と言うと本人はトイレ方向に歩き出したので後からトイレまで付き添った。排便，排尿は見られなかった。その後食堂にもどり「お茶でも飲みませんか」と声かけするとお茶をゆっくり飲んだ。その後，本人は食事のことは口にすることなく居室に戻った。

[解説]

　単に利用者の訴えだけを記録するのではなく，訴えに対し職員がどんな声かけをしたのかを含め，行った対応や対応後の利用者の様子などについて具体的に記録します。このような記録を残すことは利用者の状態，状況を把握するうえで大切なことです。

[参考]

　認知症の方が記憶障害で先ほど食べたばかりなのに「食事はまだですか」という訴えはよくあることです。職員は「先ほど食べました」と言うのではなく，本人の訴えを受け入れて対応することが大切です。また食事の訴えを繰り返しやめないときは，環境を変え散歩，外出に誘うなど本人の関心をほかに向けることや，場合によっては果物，クッキー，飲物などの提供も考えられます。なお利用者との会話では一度に多くのことを伝えるのではなく，一つずつわかりやすく話すことで内容を理解してもらえることは多々あります。

中核症状
見当識障害の記録と対応のしかた

 悪い例

▷14：10　廊下を歩行中，居室に誘導した。

 良い例

▷14：10　廊下をきょろきょろしながら歩いていた。近くに寄り添い「トイレですか」と声をかけるが返事はなかった。「○○さんのお部屋ですか」と言うと本人は頷いた。「○○さんのお部屋は入口に赤いチューリップが飾ってある一番奥の部屋です」と言って居室まで誘導した。居室に入り椅子に腰かけると本人は「ありがとう」と言い穏やかな表情を見せた。

解説

　「廊下を歩行中，居室に誘導した」だけでは，なぜ居室に誘導したのかがわかりません。利用者のそのときの状況，様子や発した言葉，職員がどんな声かけをしたのかを含め，行った対応や対応後の利用者の様子について具体的に記録します。このような記録を残すことは利用者の状態，状況を把握するうえで大切なことです。

参考

　見当識障害とは，時間，場所，人がわからなくなることをいいます。たとえば今日は何年何月何日なのか，今は何時頃なのかがわからない，今の季節がわからない〈時間〉，自分が今どこにいるのか，居室，トイレがわからない〈場所〉，その人がだれか，家族がわからない〈人〉などです。

　日頃から本人が見えるところに時計を置く，日めくりカレンダーを掲げる，家族の写真を飾る，居室の入口に自分の名前をわかりやすく表示する，トイレの表示をわかりやすくするなど利用者にとって生活に支障をきたさないような工夫も必要です。

　なお，利用者との会話では，短い言葉で一つずつわかりやすく話すことで内容を理解しやすくすることも重要です。

1 章　介護記録とは

2 章　記録のルール

3 章　記録の書き方の基本と手順

4 章　業務日誌・ケース記録の書き方

5 章　生活場面別・状況別の記録の書き方

6 章　認知症の各症状に対する記録の書き方と対応のしかた

7 章　ヒヤリハット・事故報告書の書き方

8 章　より良い介護記録にするために

悪い例

> 7：20　朝食のため居室に行くと椅子の上にパジャマが無造作に置かれていた。

 良い例

> 7：20　朝食のため居室に行くと椅子の上にパジャマが無造作に置かれていた。本人に「パジャマをタンスにしまってもらえますか」と声をかけた。本人は頷き畳まずに入れようとしたので，これまでは畳んでしまっていたことから「パジャマを畳んでからしまってもらえませんか」と言うと正確にしまうことができた。

[解説]

「椅子の上にパジャマが無造作に置かれていた」だけでは，利用者のそのときの具体的な様子や状況がわかりません。

利用者がどのような行動をとり言葉を発したのか，職員がどんな声をかけたのかを含め，行った対応などを具体的に記録します。

[参考]

理解・判断力の低下は，物事を素早く理解し適切に判断することを難しくします。たとえば，考える速度が遅くなったり，2つ以上のことを同時に言われると混乱したり，片付けや計算などができなくなります。

何を理解できないのか，どんなことを判断できないのか十分に確認し，生活に支障をきたさないための支援や対応が必要です。

また利用者との会話では一度に多くのことを伝えるのではなく一つひとつ丁寧に声かけをします。

日中は会話の場や機会を設けたり，適度な運動，活動，散歩，外出などを促し，体を動かすことも大切です。状況によっては専門医の受診が必要です。

1 章 介護記録とは

2 章 記録のルール

3 章 記録の書き方の基本と手順

4 章 業務日誌・ケース記録の書き方

5 章 生活場面別・状況別の記録の書き方

6 章 認知症の各症状に対する記録の書き方と対応のしかた

7 章 ヒヤリハット・事故報告書の書き方

8 章 より良い介護記録にするために

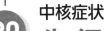

20 中核症状

失行（食事）の記録と対応のしかた

 悪い例

▷ 7：30　朝食。食べ方がわからない様子だった。

 良い例

▷ 7：30　朝食時テーブルに置かれた食事内容を見渡したが，一向に箸を持とうとはしなかった。いつもは自分で食べていたが今日は食べ方がわからない様子だった。「右手に箸を持ってください」と言って手渡し，「左手にみそ汁の入ったお椀を持ってみましょうか」と伝えると自分で食べることができた。

[解説]

「朝食。食べ方がわからない様子だった」だけでは，そのときの利用者の様子が不明です。利用者のそのときの状況や様子，職員が声かけをした内容や行った対応，対応後の利用者の様子などについて具体的に記録します。このような記録を残すことは利用者の状況，状態を把握するうえで大切なことです。またほかの職員にとって対応の参考にもなります。

参考

食事の失行とは，明らかな筋力低下がないのに食事がうまくとれない状態で，食事の手順や箸，スプーンなどの使い方がわからなくなってしまうことをいいます。上記事例のような場合，利用者が自ら食べることができないと決めつけるのではなく職員の対応や工夫によって利用者が思い出したり，自分で食べることができる場合があります。「とても美味しそうですね，1口食べませんか」と食事を勧めるような声かけをします。小皿に1品ずつ提供したり，茶碗・お椀の色や大きさを変えるなど，利用者にとって食事に支障をきたさないような工夫も必要です。なお，食事の失行は脳梗塞，脳出血，認知症などで見られます。

中核症状

21 失行（着衣）の記録と対応のしかた

 悪い例

▷11：10　入浴後脱衣室で着替えを並べて見ているだけであった。

 良い例

▷11：10　入浴後脱衣室で着替えを並べて見つめていた。顔色は普段と変わらなかった。「湯冷めをする前にお洋服着ませんか」とパンツを渡すと「そうですね」と言うが，パンツを覗いたり，くしゃくしゃにして履こうとはしなかった。パンツを広げて「こちらが前ですね」と言いながら，パンツを履く動作をしてから手渡すと自ら着ることができた。

[解説]

　「脱衣室で着替えを並べて見ているだけであった」だけでは利用者のそのときの様子がわかりません。利用者のそのときの状況や様子，職員がどんな声かけをしたのかを含め，行った支援，対応や対応後の利用者の様子などについて具体的に記録します。このような記録を残すことは利用者の状況，状態を把握するうえで大切なことです。

[参考]

　着衣の失行とは，明らかな筋力低下がないのに服を着るなど，それまでできていた動作や着る順番がわからなくなることをいいます。上記事例のような場合「早く着てください」などと急かせるような声かけや態度は，本人を混乱させる要因になることもあります。穏やかな口調で「どうしましたか，お洋服着ませんか」「湯冷めをする前にお洋服着ませんか」「お手伝いしましょうか」などとやさしく声をかけます。また「最初にパンツを履き，次に肌着を着てから，ズボンを履きます」などと一度に多くの話をするのではなく，一つの動作が終わってから，次の動作を伝えることが大切です。

　また状況に応じて，本人がすぐに着られる状態にして衣類を一つずつ手渡したり，本人の目の前に服を着る順番に重ねて置き，上から取れば着られるようにするなどの工夫も必要です。

1章 介護記録とは

2章 記録のルール

3章 記録の書き方の基本と手順

4章 業務日誌・ケース記録の書き方

5章 生活場面別・状況別の記録の書き方

6章 認知症の各症状に対する記録の書き方と対応のしかた

7章 ヒヤリハット・事故報告書の書き方

8章 より良い介護記録にするために

22 中核症状 失認（便座）の記録と対応のしかた

 悪い例

▷22：10　トイレに誘導したが，本人は便座に座ろうとしなかった。

 良い例

▷22：10　居室から排泄介助のためトイレに誘導したが，便座を見て不安げな顔をした。声をかけたが本人は「わからない」と言ったので，本人の右手を軽く握り左手で肩をさすりながら便座の前に誘導した。「ズボンを下げますね」と言って介助し，本人と便座の距離を確認してから「この便座に腰かけてください」と声かけすると排泄することができた。排泄後は排泄量，便の形，色などを確認した。

解説

「トイレに誘導したが，本人は便座に座ろうとしなかった」だけでは，そのときの利用者の様子が不明です。利用者の様子や発した言葉，職員が声かけした内容や行った支援，対応などについて具体的に記録します。このような記録を残すことは利用者の状態などを把握するうえで大事なことです。

参考

失認とは，目や耳などが悪くないのに物や人，音などが認識できない状態をいいます。たとえば便座を見てもそれが何かわからない，認識できないことをいいます。

トイレに誘導したり，便座に腰かけることで記憶が甦り，排泄行為につながることがあります。どんなことに支障をきたしているのか，どの部分ができないのか，認識できないのかなど，情報を収集，分析し組織（施設・事業所）として，どのような支援や対応方法がよいか検討する必要があります。

また利用者との会話では一度に多くのことを伝えるのではなく，一つひとつ丁寧に声かけをします。

なお，排泄介助は，利用者の尊厳を保持し，プライバシーや羞恥心への配慮を常に心掛け支援，対応することが大切です。

中核症状
23 失認（歯ブラシ）の記録と対応のしかた

 悪い例

▷19：10　夕食をとった後，居室で歯ブラシを手渡すが本人はじっと見つめていた。

 良い例

▷19：10　夕食をとった後，居室で「歯磨きしましょう」と声をかけるが本人から返答はなかった。
歯ブラシを手渡すが首をかしげながらじっと見つめていた。「うんうん」とうなったので「○○さんこうして少し口を開いてください」と声かけとともに口を開く動作を見せると，本人は少し口を開いた。歯ブラシを入れ軽く小刻みに動かすと，その後は本人が最後まで磨くことができた。

解説

「歯ブラシを手渡すが本人はじっと見つめていた」だけでは，そのときの利用者の様子がわかりません。見方によっては，その後の対応はしていないと思われかねません。そのときの利用者の様子や発した言葉，職員が目にした状況やどんな声かけをしたのかを含め，行った支援，対応などについて具体的に記録します。これらの記録を残すことは，今後ほかの職員の参考になるとともに利用者の状況，状態を把握するうえで大切なことです。

参考

失認とは，目や耳などが悪くないのに物や人，音などが認識できない状態をいいます。

たとえば歯ブラシを見ても，それが歯ブラシとわからない，認識できないことをいいます。ちなみに歯ブラシをどうしていいかわからなくなってしまうのは「失行」による症状です。上記事例のような場合，職員は「歯磨きができないのですか」などと本人の尊厳を否定するような声かけではなく「歯磨きしましょう」「歯を磨いてくださいね」などとやさしく声をかけます。

また利用者との会話では，多くの情報を一気に伝えるのではなく，一つずつわかりやすく話すことで内容を理解してもらえることがあります。タイミングのよい声

かけで記憶が甦り，できることもあります。

　また状況に応じて，職員が手を添えて介助したり，歯ブラシで歯を磨く動作をして見せるなどの対応や工夫も考えられます。

1章 介護記録とは

2章 記録のルール

3章 記録の書き方の基本と手順

4章 業務日誌・ケース記録の書き方

5章 生活場面別・状況別の記録の書き方

6章 認知症の各症状に対する記録の書き方と対応のしかた

7章 ヒヤリハット・事故報告書の書き方

8章 より良い介護記録にするために

第 7 章

ヒヤリハット・事故報告書の書き方

❶ ヒヤリハット報告書の書き方

　ヒヤリハット報告書は組織全体で事故を未然に防ぐために記録するもので，職員個人の責任を追及するものではありません。ヒヤリハット報告書に記載する内容は①事故には至らないものの職員が「ヒヤリ」としたり，「ハッ」とした経験や②事故には至らず，事故の一歩手前で防ぐことができた状況について記録します。

　施設・事業所は「ヒヤリハット」と「事故」の違いを明確にする必要があります。そのためには始めに「事故」の定義を施設・事業所内で共通理解を図り，何が「事故」となるのかを事前に確認しておく必要があります。それ以外で事故につながる恐れのあるものを「ヒヤリハット」として取り扱い「ヒヤリハット報告書」に記載します。

参考

ヒヤリハット報告書の考え方
　「ヒヤリハット報告書」の基本的な考え方は「ハインリッヒの法則（1：29：300の法則）」にあります。1件の重大な事故の背後には29件の軽度な事故があり，事故には至らなかったが職員が「ヒヤリ」としたり「ハッ」とした経験が300件もあるという法則です。

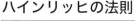

ハインリッヒの法則

　これは重大な事故はいきなり起こるのではなく，軽度な事故や職員が「ヒヤリ」としたり「ハッ」としたことの積み重ねから発生するという考え方です。

　つまり「ヒヤリ」としたり「ハッ」とした段階で状況を踏まえて原因を究明し，適切な対策を講じることが大切であることを意味しています。

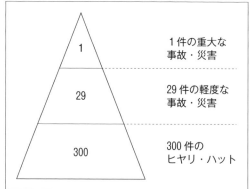

1	1件の重大な事故・災害
29	29件の軽度な事故・災害
300	300件のヒヤリ・ハット

ヒヤリハット報告書の内容と記録

　ヒヤリハット報告書への記載項目は，できるだけ必要最低限にとどめます。報告書に記載する項目内容は「利用者名」「発生日時」「発生場所」「発生状況（事故が起こりそうになった状況）」「ヒヤリハットの原因」「家族への連絡，説明内容」「今後の対策」などです。

　「発生状況（事故が起こりそうになった状況）」については，5W1Hを基本に具体的に記録します。また職員の心情的な表現は用いることなく事実を正確にありのままに書きます。

1章 介護記録とは

2章 記録のルール

3章 記録の書き方の基本と手順

4章 業務日誌・ケース記録の書き方

5章 生活場面別・状況別の記録の書き方

6章 計画の書状況する計画の書き方とはないのか

7章 ヒヤリハット・事故報告書の書き方

8章 より良い介護記録にするために

「原因」については，安易に理由づけすることなく，十分に究明することが大事です。たとえば「私の認識不足でした」「私の見守り不足でした」などの表現は避け，「なぜ認識不足だったのか」「なぜ見守り不足だったのか」客観的な視点に立って原因を探り具体的に記録します。ヒヤリハットの原因が具体的でないと，その後の対策が漠然としてしまいます。真の原因究明こそが，その後の対策につながります。

「今後の対策」については現実的で実行可能な対策を考えます。

※「事故・ヒヤリハットの主な原因（一例）」についてはp.190参照

ヒヤリハット報告書の提出

ヒヤリハット報告書は，その日のうちに提出し，その内容を 1 ～ 2 週間以内に全職員に回覧し情報の共有化を図ることが重要です。

またヒヤリハットにかかわることが多い利用者については，再度対策を考えます。

■ヒヤリハット報告書の記載内容（一例）

<table>
<tr><td colspan="3" align="center">ヒ ヤ リ ハ ッ ト 報 告 書</td></tr>
<tr><td colspan="3" align="right">報告年月日　△年○月○日
報告者氏名　○○　○○</td></tr>
<tr><td>利用者名
<small>ふりがな</small></td><td>○○　○○　様</td><td>□男　☑女　年齢　69歳</td></tr>
<tr><td>発生日時</td><td colspan="2">△年○月○日（△）　13時10分頃</td></tr>
<tr><td>発生場所</td><td colspan="2">食　堂</td></tr>
<tr><td>発生状況
（事故が起こりそうになった状況）</td><td colspan="2">食堂内を歩いているときに，滑ってバランスを崩し転びそうになったが，その場に居合わせた○○職員が体を支えたため大事には至らなかった。</td></tr>
<tr><td>ヒヤリハットの原因</td><td colspan="2">昼食時に○○○（利用者）様が，大きな声で叫びながら突然お茶を床に振り撒いたが，その際十分に拭き取れず床が濡れていたため滑ってバランスを崩した。</td></tr>
<tr><td>家族への連絡，説明内容</td><td colspan="2">施設長，係長と協議した結果，身体に問題はなかったため家族への説明は必要なしと判断した。</td></tr>
<tr><td>今後の対策</td><td colspan="2">①床が濡れていたら，その都度しっかりと拭き取る。
②拭いた後は，ほかの職員が再度確認する。</td></tr>
</table>

② 事故記録・事故報告書の書き方

　事故を記録に残すねらいは，事故を起こした職員の責任を問うことではなく，その事故を組織全体の問題として受け止め，職員間で課題を共有化し，事故原因の究明や再び繰り返さないよう再発防止に努めることにあります。また，「事故」とはどのような出来事をいうのか，「事故の定義」を施設・事業所内で取り決め，明確にすることが必要です。この内容を全職員に周知徹底します。

一連の経過記録（例：ケース記録に記載）

　事故の発生から，その後の対応や処置，治療などが終結するまで一連の経過を的確に記録します。

　家族への連絡や説明，家族からの要望などについても併せて記録します。

　この記録が後日家族などへの説明責任を果たす重要な資料となるとともに，職員，施設・事業所の介護行為の証明になります。

事故発生状況の記録

　事故報告書に記載する事故発生状況については，５Ｗ１Ｈを基本に，具体的に書きます。

　また，事故発生状況の記録は，「事故後の対応や処置に支障をきたさないため」「職員や施設・事業所の言い訳と受け取られないようにするため」に主観的な表現を用いることなく，事実を正確にありのままに記録します。

　なお事故の発生状況がわからない場合は，発見したときの様子や目にしたことを正確にできるだけ詳細に記録します。安易に「原因不明」で終わらせないことが大事です。

　「発見した職員，関わった職員，担当した職員から情報を集める」「発見したときから１～２日前にさかのぼり，この間に関わった職員から情報を集める」とともに介護者側，利用者側，施設側など様々な視点から検討します。発生原因については，できる限り究明する必要があります。

真の事故原因の究明と今後の対策

　事故報告書に記載する「事故原因と今後の対策」は一人の職員が考えて書くのではなく，必ず複数の職員が話し合って書きます。状況によっては他職種の職員も含めて話し合います。また，事故の内容によっては，組織内でカンファレンス（会議）を開き事故原因の分析，今後の対策などを検討しその内容を全職員で共有します。

　事故の原因については，安易に理由づけせず，その原因について十分に究明する必要があります。

たとえば，

①「○○に気づかず私の不注意によるものでした」

②「私の緊張感が足りなかったための事故でした」

③「コミュニケーションが不足していたために情報が共有できず，起きた事故でした」

④「私がつい目を離してしまったための事故でした」

などと不注意な点を反省し，いましめるのは悪いことではありません。次の事故防止につなげるために大事なことです。

しかし，ここで重要なことは，客観的な視点に立って，次のように原因を探ることです。

①「なぜ不注意だったのか」

②「なぜ緊張感が足りなかったのか」

③「なぜ，コミュニケーションが不足してしまったのか」

④「なぜ目を離してしまったのか」

職員の精神面を原因にするだけでは，今後の事故防止策にはなりません。真の原因究明こそが今後の対策につながります。

また，事故後の対策については，「頻繁な巡回をする」「しっかりと見守りをする」「頻回に見守りをする」「強い意識をもって対応する」という形式的，抽象的な表現は避け，介護行為，環境設備などについて数字や名称等を含めて具体的に記録する必要があります。

参考

今後の対策（一例）

介護行為	環境設備
・○○の介助方法を変更して△△の介助方法にする ・○○について2人で介助する ・○○について2人で声を出し確認しながら行う ・16時～17時の間は歩き回ることが多いため複数の担当職員で見守りを強化する ・23時～1時の間に1度は担当職員が排泄についての声かけをする ・一度に入浴する利用者の人数を減らす ・入浴する時間や順番を変更する ・○○のためその場を離れるときは声をかけ近くの椅子に誘導してから離れる　　　　　など	・ベッド周辺にある複数の電気コードなどをまとめ整理整頓する ・廊下に置いてあるベッド，椅子などを整理整頓する ・ベッドの向きや位置を変更する ・ベッドの下にセンサーマットを敷く ・滑り止めマットを敷く ・衝撃吸収マットを敷く ・低床ベッドを導入する ・離床センサーベッドを導入する ・福祉用具△△を活用する ・福祉用具△△を点検する ・新たに△△用具を導入する ・新たに△△のカバーを購入する　　　　　など

※「事故・ヒヤリハットの主な原因（一例）」についてはp.190参照

1章 介護記録とは
2章 記録のルール
3章 記録の書き方の基本と手順
4章 業務日誌・ケース記録の書き方
5章 生活場面別・状況別の記録の書き方
6章 利用者の状態にする家族が知りたいのか
7章 ヒヤリハット・事故報告書の書き方
8章 より良い介護記録にするために

図や写真の活用

　事故報告書は，文章だけで詳しく伝えることが難しい場合は図を活用します。たとえば事故現場の状況や位置（例：居室の見取図を書き，ベッド（枕），車椅子，利用者の頭部，足の位置），利用者の傷などの部位について，図を用いることで事実を正確に伝えることができます。また利用者への処置や対応後に，状況によっては現場やその周辺などの写真を撮ることも考えられます。

事故報告書の内容

　事故報告書に記載する項目内容は，「利用者名」「発生日時」「発生場所」「事故の種類」「発生状況」「略図」「発生直後の対応および処置」「事故原因」「利用者・家族への説明内容および施設（事業所）への要望」「今後の対策」などです。

　なお，「発生状況」の記録については，事故発生前からの状況を記録するという考え方もあります。しかし，見方によっては発生前からの状況を記録すると，なぜそのとき「気づかなかったのか」という視点が生まれます。

> **注意　事故報告書の「事故の種類」欄について**
>
> 　事故報告書の中の「事故の種類」欄については，一般的に「転倒，転落，尻もち，ずり落ちた，誤嚥，打撲，内出血のような痕，外傷」などが書かれています。このうち，利用者が「転倒」「転落」「尻もち」「ずり落ちた」の場合，職員が必ずしもその場面を目撃していたとは限りません。事故の記録は，事実をありのまま正確に記載することが，特に求められます。そのため，「事故の種類」欄については，「転倒（目撃した・目撃していない），転落（目撃した・目撃していない），尻もち（目撃した・目撃していない），ずり落ちた（目撃した・目撃していない）……」に改める必要があります。

事　故　報　告　書

報告年月日　　年　　月　　日
報告者氏名

_{ふりがな} 利用者名	様　　□男　□女　年齢　　歳
発生日時	年　　月　　日（　　）　　時　　分頃
発生場所	
事故の種類	□転倒　□転落　□尻もち　□ずり落ちた　□誤嚥　□打撲 □内出血のような跡　□外傷……

1 章 介護記録とは

2 章 記録のルール

3 章 記録の書き方の基本と手順

4 章 業務日誌・ケース記録の書き方

5 章 生活場面別・状況別の記録の書き方

6 章 苦情の申告けける ならない対応のしかた

7 章 ヒヤリハット・事故報告書の書き方

8 章 より良い介護記録にするために

⬇

事故の種類	☐転倒（目撃した・目撃していない）　　☐転落（目撃した・目撃していない） ☐尻もち（目撃した・目撃していない）　　☐ずり落ちた（目撃した・目撃していない） ☐誤嚥　☐打撲　☐内出血のような痕　☐外傷……

■事故報告書の記載内容（一例）

事 故 報 告 書

報告年月日　△年○月○日
報告者氏名　○○　○○

利用者名 （ふりがな）	○○　○○　様	☑男　☐女　年齢　78歳
発生日時	△年○月○日（△）　14時50分頃	
発生場所	居室	
事故の種類	☐転倒（目撃した・目撃していない）　　☐転落（目撃した・目撃していない） ☐尻もち（目撃した・目撃していない）　　☐ずり落ちた（目撃した・目撃していない） ☐誤嚥　☐打撲　☐内出血のような痕　☑外傷……	
発生状況	ベッドから車椅子に移乗介助したとき，フットサポートに右足が当たり右足首外側にかすり傷（少量の出血）を負わせてしまった。	〈略図〉
発生直後の対応および処置	痛みの有無について確認したところ本人から「右足首に痛みがある」と返答があった。状態観察を行ったところ右足首外側に約2×2cmのかすり傷があり，極少量の血がにじんでいた。腫れやあざ，内出血のような痕などは見られなかった。○○看護師に知らせ状況を説明した。看護師が再度状態を確認後，処置した（右足首外側を消毒し△△軟膏を塗布しガーゼで保護した）。	
事故原因	移乗介助時にフットサポートの位置を十分に確認しなかったため，右足をぶつけてしまった。	

利用者・家族への説明内容および施設（事業所）への要望	家族（長男の妻）には電話で状況を説明し傷を負わせてしまったことを謝罪した。
	長男の妻からは「今後は注意してほしい，わかりました」と話があった。（○月○日○時○分）。
	○○（利用者）様にはその場で状況を説明し謝罪した。
今後の対策	①移乗介助時には，足の位置，車椅子，フットサポートの位置を必ず確認する。
	②移乗介助時には，フットサポートに毛布などをかぶせ足や足首を保護する。
	③今後，フットサポート専用のカバーを施設（事業所）内で作る。
カンファレンス（会議）の内容	

参考

事故・ヒヤリハットの主な原因（一例）

介護者側の原因	利用者側の原因	環境・ハード面の原因
・介助方法，介護手順が不適切 ・声かけした内容や声かけのタイミングが不適切 ・十分に確認せずに行う（確認不足） ・他の職員との連携が不十分 ・見守り体制の不備 ・他の職員との情報伝達がない ・申し送り事項，連絡事項の未把握 ・利用者の状態や行動が未把握 ・判断，決定の誤り ・無意識的な行動（慣れ，思い込み，うっかり） ・介護知識と技術の不足	◎身体機能の低下 （例） ・握力や脚力の低下 ・歩行動作の低下 ・視力，聴力の低下 ◎認知機能の低下 （例） ・記憶力が低下し，判断ができない ・説明を聞いても理解できない ・日常の普通の行為ができない（着衣失行など） ・精神不安定 ・環境の変化による不適合 ・服薬の影響 ・血圧の影響 ・体調の不良	◎設備，機器，福祉用具などの不備（不適合，故障） （例） ・不安定な机，椅子，家具 ・ベッド周辺が整理整頓されていない ・不適切なベッドの高さ（高さ調節のないもの） ・手すりの不備 ◎環境の不備 （例） ・通路に物が置いてある ・床が濡れている，すべりやすい ・分かりづらい表示 ・手すりが足りない ・不適切な履物
など	など	など

第 **8** 章

より良い
介護記録に
するために

① 介護記録チェック表

職員の皆さんが5W1Hや介護記録シートを活用して書いた記録は、最終的にこの「介護記録チェック表」にもとづいて内容の確認をします。そうすることで、どの項目についての記録が欠けているかを把握することができます。このチェック表の内容がすべて網羅されることを目指して日々介護記録の改善に努めます。

●介護記録チェック表

		項　目	注　意　点	チェック
記録の基本	①	利用者の氏名は記載されているか	利用者の氏名は、イニシャルではなく実名で記載します。	☐
	②	日付や時刻は記載されているか	時刻の表記はコロン「：」を用いた24時間表記で記載します。 例：「0：00」「12：00」「23：59」	☐
	③	場所や位置が記載されているか	場所については状況によって（例：転倒、事故・ヒヤリハット報告書）位置も具体的に記載します。たとえば「居室」「食堂」「廊下」だけではなく、「居室のカーテンの下」「居室のベッド左横の床」「食堂のソファの右横」「廊下の中央」と書くことで読み手に位置が正確に伝わります。	☐
	④	利用者がどのような様子であったか具体的に記載されているか	利用者の様子には、利用者が発した言葉や職員が声かけした内容も含まれます。	☐
	⑤	利用者の様子に対して、職員がどのような対応をしたか記載されているか	「対応」については、そのときの状況によって記載しないこともあります。たとえば「利用者の日々の生活の様子」「利用者のレクリエーションやクラブ活動の様子」などにおいて職員の対応が必要なかった場合です。	☐
	⑥	職員が対応した結果、利用者がどうなったか記載されているか	「結果」については、たとえば、利用者の傷や腫れが治まるまで記録します。	☐
	⑦	記録者名が記載されているか	イニシャルや簡略化した署名ではなく記録者名が特定できる書き方をします。また同姓者がいるときは名前まで書きます。	☐

1　介護記録とは

2　章　記録のルール

3　章　記録の書き方の基本と手順

4　章　業務日誌・ケース記録の書き方

5　章　生活場面別・状況別の記録の書き方

6　章　認知症の進行度に対する適切な書き方のしかた

7　章　ヒヤリハット・事故報告書の書き方

8　章　より良い介護記録にするために

		項　目	注　意　点	チェック
記録上の留意事項	①	5W1Hを基本に記載しているか(だれが, いつ, どこで, 何を, なぜ, どうしたのか)	5W1Hをすべて記載しなければならないというものではありません。5W1Hは項目であり目安です。	☐
	②	記録の文体は過去形を基本に記載しているか	介護記録に敬語は必要としません。	☐
	③	正しく読める文字で書き, 誤字, 脱字, 記録漏れはないか	判読ができないような崩した文字やなぐり書きは避けましょう。記録は丁寧に書きましょう。	☐
	④	略語, 専門用語は, 施設・事業所内で取り決めしたものが用いられているか	自己流の略語, 造語, 解釈語の使用は避けましょう。	☐
	⑤	記録の訂正や追記方法は正しく行われているか		☐
	⑥	記録の改ざんとみなされるような修正などはないか	改ざんとは, 事実を記載者などの利益となるよう不当に内容を改めることを言います。	☐
	⑦	記録の空白部分は斜線を引くか, または「記載事項なし」「以下余白」など, 適切に記載されているか		☐
	⑧	記録の途中で行を空けていないか		☐
	⑨	利用者が発した言葉や家族, 職員が話したことは「　」(鉤括弧)で記されているか	「　」(鉤括弧)で記すことにより, その様子や状況がわかりやすく伝わります。	☐
	⑩	人権・人格を侵害する表現, 利用者の性格を否定するような表現, 差別的な表現が使われていないか	職員の感情を言葉として記載することは避けましょう。(例：暴言, 暴力, 拒否, 抵抗)	☐
	⑪	利用者の身体の一部を表現する場合は, 身体の部位の名称を具体的に記載しているか	「身体の部位の名称」については専門用語を用いることにより, 部位が特定され明確に伝わります。たとえば「頭に直径約2cmのこぶが見られた」ではなく「後頭部左側に直径約2cmの……」と書きます。(「身体の部位の名称と状態についての表現例」p.202参照)	☐
	⑫	利用者の介護経過が明確になるよう, 前後の流れがわかるように記載されているか		☐
	⑬	事実の記載と推測・推察による記載が区別して書かれているか	「推測・推察による」記載については, 「～と考えられる」「～と思われる」「～と判断される」を用います。	☐

② 介護記録シートの活用

　「記録に何を書くのかわからない」「どう書くのかわからない」「記録は苦手だ」という声を耳にしますが，記録を最初からスラスラと書ける人はいません。記録はただ書くだけでは，いつになっても良い記録にはなりません。

　何回も繰り返し書いたり，ほかの職員が書いた記録と比較したりすることにより，正確な表現のしかたを身につけていくことが大切です。

　また，職員どうしで意見交換をし，この部分は，「利用者の様子がわからない，もっと具体的に」「文章を短かく」，全体的に「簡潔で筋道の通ったわかりやすい文章だ」など互いの記録を検証することによって，だれが読んでも具体的でわかりやすい簡潔な記録が書けるようになります。

　「何を書いてよいのかわからない」「どう書いてよいのかわからない」と迷ったときは，次ページの「介護記録シート」を活用して書いてみましょう。

　記録の手順に沿って必要な項目に具体的事実を記述していきます。このシートを活用することで記録への意識を高めます。

　記入後は，文書内容を読み返し，事実と相違ないかどうかを再度確認し，訂正を行いながら介護記録（例：ケース記録）へ転記します。できれば，ほかの職員が目を通して内容を確認することも大切です。

●介護記録シート

	記録の手順		利用者の様子・言葉・対応	例示
①	だれが(利用者)			○○○○様
②	いつ(日付・時刻)			○月○日　17：45
③	どこで(場所)			食堂で
④	何を(行為など)			車椅子から立ち上がろうとしたが
⑤	ど う し た の か (職 員 と の 応 答 も 含 む)	利用者の状態の変化		足がふらついて床に両膝から崩れるような格好で正座状態になった。急いで近寄り「大丈夫ですか」と声をかけると
		本人(利用者)からの訴え		本人は「ふらついてしまった，何ともない」と話した。
		職員が利用者の状態などの観察を行った結果		全身観察を行ったが外傷や腫れ，あざなどは発見できなかった。
		利用者の日々の生活やレクリエーション・クラブ活動の様子など		
		職員が気づいたこと		
⑥	職員の対応とその結果			念のため○○看護師に知らせた。(以下省略)

1章　介護記録とは

2章　記録のルール

3章　記録の書き方の基本と手順

4章　業務日誌・ケース記録の書き方

5章　生活場面別・状況別の記録の書き方

6章　認知症の方に対する記録の書きかたと残しかた

7章　ヒヤリハット・事故報告書の書き方

8章　より良い介護記録にするために

より良い介護記録とするためには，次の点を心がける必要があります。

1. 誤りのない正確な記録	①読み手に内容が正しく伝わるように見やすく読みやすい文字で書きます。その際，誤字，脱字，判読困難な文字（崩し文字やなぐり書き）にならないように気をつけます。記録は丁寧に書きましょう。 ②見たこと（観察，発見したこと，気づき），聞いたこと（利用者や家族，職員から耳にしたこと），行ったこと（支援，対応したこと）を誤りなく具体的にわかりやすく書きます。
2. 必要なことが漏れなく書かれている記録	・記録漏れや記録忘れがないように記載します。特に「時刻」や「場所・位置」，「職員が行った対応の記録」「記録者名」の書き忘れや漏れがないように注意します。
3. 誤解をまねくような表現がない記録	次の①～⑨までの表現は，記録の際には適切な表現とはいえないため，避けなければなりません。また，⑩の「医学的・医療的判断を必要とする表現（用語）」については，医学的判断が下される前に職員が用いることはできません。 ①誤解をまねくような表現（「人権・人格を侵害する表現」「利用者の性格を否定するような表現」「差別的な表現」） 例：ボケ症状，まだらボケ，ぼうっとしていた，暴言を吐く，不潔，わがまま，頑固（がんこ），気難しい，怒りっぽい （注意） 　介護記録は，介護保険制度の理念である「利用者の尊厳」を踏まえた記述を心がけなければならないことはいうまでもありません。 　ただし，「わがまま」「気難しい」「頑固」「怒りっぽい」などの表現を記録上に用いることができる場合があります。 　たとえば，家族が利用者である親を「わがままな性格」「気難しい性格」「頑固」「怒りっぽい」などと言った場合，家族の言葉としてそれを記録上に残すことができます。 例：長女が施設への来訪時に「父は頑固で怒りっぽいところがあるので，職員の皆さんには，ご迷惑をおかけすることがあると思いますが，よろしくお願いします」と言っていた。 ②「何」に対して変わらなかったのか具体性に欠ける表現 例：特変なし，変わりなし，著変なし，いつもと変わらない ③利用者に確認しなければわからない表現 例：安眠，熟眠，熟睡 ④自己流の造語 例：良眠，浅眠，洗身，洗体，欠浴，水分強化，下衣，自床，延食，配茶，食席，

1章 介護記録とは

2章 記録のルール

3章 記録の書き方の基本と手順

4章 業務日誌・ケース記録の書き方

5章 生活場面別・状況別の記録の書き方

6章 ご利用者やご家族に対する「はがき」「手紙」の書きかた

7章 ヒヤリハット・事故報告書の書き方

8章 より良い介護記録にするために

3. 誤解をまねくような表現がない記録	排泄交換, 全身チェック ※自己流の造語とは, 個人の判断で, 漢字などを組み合わせて自分流に作った言葉をいいます。 ⑤自己流の解釈語 例：閉眼, 着床, 欠食, ボディチェック ※自己流の解釈語とは, もともとある言葉を自分流に解釈したものをいいます。利用者が眠っていることを「閉眼」, ベッドの上で眠ることを「着床」, 食事を中止したことを「欠食」, 利用者の状態観察, 全身観察することを「ボディチェック」(チェックは確認, 照合, 点検などの意味です)と表記することは正しい表現ではありません。これらはいずれも自己流の解釈語にあたります。 ⑥好ましくない表現 例：拒否, 抵抗, 徘徊, 帰宅願望, 暴言, 暴力, 失禁, 汚染, 流出, 巡視, 家族, 嫁, Fa, 体交, 体変 ※「拒否, 抵抗」は単に拒否, 抵抗と決めつけるのではなく, 拒否, 抵抗と受け止めた理由を書きます。 「徘徊」は「○○○を歩き廻っていた」とそのときの表情や歩き方等の様子, 状況, 利用者の発した言葉, 対応などを書きます。 「帰宅願望」は単に「帰宅願望の訴えがあった」ではなく, 利用者が訴えた内容やそのときの様子, 対応などを書きます。 「暴言, 暴力」は単に「暴言, 暴力があった」ではなく, 利用者が発した言葉や具体的な身体行為, 対応などを書きます。 「失禁」は「排泄がうまくいかず, ズボンとパンツを濡らしてしまった」などと書きます。 「汚染」は「○○○が汚れた, ○○○が汚れていた」,「流出」は「口から○○○がこぼれた, 口から○○○をこぼした」,「巡視」は警戒や監督するために見てまわる安全監視の意味が強くなるため「巡回」と書きます。「家族」は家族とはだれであるかを明確に書きます。「Fa」も「家族」と同様です。たとえば「長女, 次男」。「嫁」は「長男の嫁」などと明確に書きます。「体交」は「体位交換」を省略したものです。「体位交換」という表現は不適切な言葉として現在では使われていません。「体変」という略語は意味が通じません。「体位を変換した」または「寝返り介助をした」と書きます。 ⑦主観的な表現 例：痛みなし, 痛みあり, 痛みが強い, かゆみあり, 腫れているようだ, 痛いようだ, 熱があるようだ, 痛みはないようである, ○○が気になる ⑧不適切な表現 例：痛み(＋), 腫れ(－), 尿失禁(＋), 排便－4日, 反応便(＋) ⑨あいまいな表現(読み手によって異なった解釈ができる表現) 例1：食事の(一部)介助をした。 ※「食事の(一部)介助をした」だけでは職員によってどんな介助がされたのかが明確ではありません。「入浴の(一部)介助をした」「排泄の(一部)介助をした」も同様です。

| 3. 誤解をまねくような表現がない記録 | （例：夕食時スプーンを持つ手がやや震えていた。半分ぐらい食べたところで震えが激しくなったため，本人の同意を得てスプーンを代わりに持ち食事の介助をした）

例2：食事の見守りをした。歩行の見守りをした。
※「食事の見守りをした」「歩行の見守りをした」だけでは，職員によってどんな見守りがされたのかが明確ではありません。どこに注意して見守ったのか，その結果どうなったのかを記録します。
（例：朝食時むせる様子が見られるかどうか注意して見たが，そのようなことはなく最後まで食べることができた）
（例：居室から食堂までの移動の際，ふらつきがないか見守ったが，ふらつくことなく一人で歩くことができた）
例3：トイレに行く際は見守ってください。
※「トイレに行く際は見守ってください」だけでは，何を見守るのかあいまいです。
（例：トイレに行く際は歩行状態を見守ってください）
（例：トイレに行く際は，一人でズボンの上げ下げができるか，また，排泄後の後始末ができるか見守ってください）

⑩医学的・医療的判断を必要とする表現（用語）
例：皮膚の症状：発疹，湿疹，褥瘡，水疱，紅斑，紫斑，びらん，腫瘤，内出血（または「皮下出血」），表皮剥離，潰瘍，打撲傷，挫傷，蕁麻疹，疥癬，白癬
　　意識障害　：傾眠，嗜眠，昏睡，せん妄，意識混濁，意識清明（または「意識は清明であった」）
　　尿・便　　：混濁尿，濃縮尿，膿尿，血尿，宿便，タール様便（タール便），血便
　　その他　　：喘鳴，妄想，幻覚 |
| 4. 読む人にとって意味が十分に伝わる記録 | ①「読む人にとって意味が十分に伝わる記録」とは，だれが読んでも具体的でわかりやすく，一読して内容が理解できる記録をいいます。
　記録は，一文を長く書き過ぎると読み手に何を伝えたいのかわからないことがあります。文章は短く，5W1H（だれが，いつ，どこで，何を，なぜ，どうしたのか）や介護記録シート*を活用し，具体的にわかりやすく書きます。
　＊「介護記録シート」の内容についてはp.28，p.194を参照。

②文の長さについては，文字数を30～40字程度を目安として書きます。
　また，読み手にわかりやすい記録という視点から主語，述語（だれが，どうしたのか）を明確にし，伝えたいことは，一文の中に1つとなるように記載します。
　伝えたいことが複数ある場合は，文を分けるか，または，必要に応じて箇条書きにします。

③記録する際は，必要な「事実内容」や「語句」は省略することなく，読み手に伝わるように記載します。
　また，自己流の造語，解釈語，略語は用いないように気をつけなければなりません。

④推測・推察の記録については，利用者の状態，様子などから推測（推 |

1章 介護記録とは

2章 記録のルール

3章 記録の書き方の基本と手順

4章 業務日誌・ケース記録の書き方

5章 生活場面別・状況別の記録の書き方

6章 利用者・家族に対する記録の書き方と対応のしかた

7章 ヒヤリハット・事故報告書の書き方

8章 より良い介護記録にするために

4. 読む人にとって意味が十分に伝わる記録	察)に至った理由，根拠を記録するとともに「〜考えられる」「〜と思われる」「〜と判断される」の表現を用いて，事実の記録とは区別して違いがわかるように記載します。 ⑤利用者が発した言葉や家族，職員が話したことは，その様子や状況がわかるように伝えるため「　」(鉤括弧)を用います。
5. 適切な内容が書かれている記録	①利用者の状態の変化や訴え，職員が行ったケアの内容については，そのときの様子や会話の内容などを具体的に書きます。また，なぜそのようなケアを行ったのか，その理由，根拠を記載します。 ②利用者のケアプランに基づいたサービス内容について職員がケアを行い，行ったケアの内容(実施状況)およびそのときの利用者の様子(表情・言葉・動作)を記録します。 ③利用者の日々の生活やレクリエーション・クラブ活動・行事などの様子(生活状況や活動状況)は，ただ単に書けばよいというものではなく，「ケアに必要な情報」「利用者の支援につながる情報」について記載します。そのためには，「ケアプランに基づいた情報」「利用者の普段の様子との違いや，新たな面の発見」「職員間で共有すべき情報」などを意識し，そのときの様子や会話の内容などを具体的に記載します。 ④利用者の発した言葉(例：訴え，職員との会話，利用者どうしの会話)は，すべてを記録するのではなく「ケアに必要な情報」「利用者の支援につながる情報」「職員間で共有すべき情報」を記載します。 ⑤職員やほかの利用者に見せた「喜び，楽しさ，笑顔，怒り，悲しみ，寂しさ」などの表情はどのような状況のときであったのか，そのときの様子を記録します。また「好みや興味あること，嫌いなこと」も同様に記録します。 ⑥記録は，利用者一人ひとりについて時間の経過に沿って書きます。そのためには，前の記録(例：前任者の記録，「数日前〜前日」までの記録，前回利用したときの記録)をしっかりと確認し，前後の経過がわかるように記載します。
6. メモではなくきちんと相手に伝わる記録	記録は職員間で共有する大事な情報です。メモのように自分だけがわかるような簡略な書き方は許されません。見たこと(観察したこと)，聞いたこと，行ったことの事実を正確に記載しなければなりません。
7. ほかの記録と整合性のとれた記録	記録は，「業務日誌」「ケース記録」「事故報告書」「受診報告書」など，どの記録とも整合性が図れていなければなりません。医療事故の裁判でも「医師が書いた記録」と「看護師が書いた記録」に食い違いが生じてその整合性が問題になることがあります。特に事故が起きたときには，慌ててしまうこともあるため，互いに記録を確認し合うことが大切です。整合性の図れていない記録があるということは，職員どうし(他職種も含む)の正しい情報伝達が行われていないということです。

8. ルールを守った記録	**①文体, 敬語** 　記録の文体は過去形を基本として書きます。ただし, 現在行っていることや進行していることについては, 現在形で書きます。記録として好ましくないのは過去形で書くところを現在形で書いたり, 現在形で書くべきところを過去形で書いてしまうなど時間的経過が正しく記載されないことです。 　敬語については, 表現のしかたによって誤解を招く恐れがあったり, 書き手の心情面が影響するため, 介護記録(例：業務日誌, ケース記録)のように, 事実を正確に記録する場合には適しません。なお, 利用者や家族に介護記録を提示するときや開示を求められたときは, 公式の記録であるため敬語を用いずに記載していることについて説明する必要があります。 **②日付, 時刻** 　年号は「和暦」か「西暦」か, 日付は「○月○日」か「○／○」かのいずれの表記を用いるのか, 施設・事業所内で表記方法を統一して記載します。 　時刻については, 利用者の様子を時系列で把握することができることから24時間表記で「：(コロン)」を用います。 ※定時の巡回だからといって, 全利用者を定時の時刻で一律に記録することはできません。利用者一人ひとりに, 実際の時刻を記録する必要があります。これは入浴や排泄介助の時刻でも同じです。 **③専門用語** 　専門用語は, 用語とその意味を定めた解説書を作成し適切に用います。また, 利用者・家族への説明や対外的な文書(例：ケアプラン, 家族との連絡帳, 通知文書)には専門用語は避けます。 **④略語** 　略語は, 施設・事業所内であらかじめ明文化し, 取り決めたものに限ります。また, 取り決めをした略語は, 全職員が必ず使用しなければなりません。なお, 利用者・家族への説明や対外的な文書(例：ケアプラン, 家族との連絡帳, 通知文書)には略語は避けます。 **⑤記録の訂正** 　訂正する箇所は, 訂正前の記録がわかるように2本線を引き, 日付, 時刻, 訂正内容, 訂正理由, 訂正者名を書きます。訂正箇所に修正液や修正テープ, 黒(青)ボールペン, インクで塗りつぶしたり, 紙を上から貼ったり, 切り取ったり, 削ぎとったりするなどの不適切な修正方法は避けます。 **⑥記録の追記** 　記録に追記する場合は, 「記録の最後に書く」か「新たな用紙を追加して書き」ます。追記は必要最低限にとどめます。 追記したい記録の箇所に「追記をした日付」と「追記」と明記します。追記した箇所の先頭に「△年○月○日分の追記」と明記し, 「追記の理由」を書き, 最後に「追記をした日付, 時刻, 記録者名」を書きます。

8. ルールを守った 記録	**⑦記録の空欄** 　記録用紙に空欄が生じた場合は「斜線」を引いたり，「記載事項なし」 「以下余白」などのいずれかを記載し，記録漏れでないことを示します。 また，記録する際は，行間を詰めたり，行を飛ばしたりすることなく行 間を統一して書きます。

1章　介護記録とは

2章　記録のルール

3章　記録の書き方の基本と手順

4章　業務日誌・ケース記録の書き方

5章　生活場面別・状況別の記録の書き方

6章　利用者の症状に対する記録の書き方と対応のしかた

7章　ヒヤリハット・事故報告書の書き方

8章　より良い介護記録にするために

区分	部位の名称	区分	部位の名称
① 頭	・頭部(頭)・前頭部(ぜんとうぶ)・後頭部(こうとうぶ) ・頭頂部(とうちょうぶ)・側頭部(そくとうぶ) 【例】 ・右前頭部(左前頭部) ・前頭部右側(うそく)(前頭部左側(さそく)) ・前頭部中央 ・右後頭部(左後頭部) ・後頭部右側(後頭部左側) ・後頭部中央 ・頭頂部 ・右側頭部(左側頭部) ・側頭部右側(側頭部左側) ・後頭部左側に直径約3cmのこぶが見られた	④ 眼	赤かった」「右眼球が黄色くなっていた」「右眼球が赤くなっていた」も間違いではありませんが,「見られた」と表現することにより客観的な事実の記録になります
② 額	・前額部(ぜんがくぶ)(額(ひたい)) 【例】 ・右前額部(左前額部) ・前額部右側(前額部左側) ・前額部中央	⑤ 頬	頬(ほお) 【例】 ・右頬(左頬) ・右頬に直径約2cmの赤褐色のあざが見られた
③ 顔	・顔面(顔) 【例】 ・顔全体にむくみが見られた ・顔の左半面にむくみが見られた	⑥ 耳	・耳 ・耳孔(じこう)(耳の穴)・耳介(じかい),耳朶(みみたぶ) 【例】 ・右耳(左耳) ・右耳孔(左耳孔) ・右耳介(左耳介) ・本人から「右耳が痛い」と訴えがあった 【注意】 「右耳」「左耳」という表現を用いる際,具体的に「耳孔(耳の穴)」または「耳介」「耳朶」などと明確にわかる場合は,これらの表現を用います
④ 眼	・眼　・眼球　・眼瞼(がんけん)(まぶた) 【例】 ・右眼(左眼) ・右眼球(左眼球) ・上眼瞼(じょうがんけん)(下眼瞼(かがんけん)) ・本人から「左眼(左目)がかすんでいる。光はわかるが物は見えにくい」と訴えがあった ・右眼球が黄色くなっているのが見られた ・右眼球が赤くなっているのが見られた ・眼瞼がピクピクとこきざみに動いているのが見られた 【注意】 「右眼球が黄色かった」「右眼球が	⑦ 鼻	・鼻 ・鼻孔(鼻の穴)　・鼻梁(びりょう)(鼻筋(はなすじ)) 【例】 ・右鼻孔(左鼻孔) ・右の鼻孔(左の鼻孔) ・本人から「鼻がかゆい」と訴えがあった
		⑧ 口	・口　・口唇(こうしん)(唇(くちびる))　・口角(こうかく)(上唇(うわくちびる)と下唇(したくちびる)の接合部〈口の両はし〉) 【例】 ・上口唇(上唇) ・下口唇(下唇) ・右口角(左口角)

区分	部位の名称	区分	部位の名称
⑧　口	・口唇(唇) が青白くなっているのが見られた ・右口角に少量の出血が見られた 【注意】 「口唇(唇) が青白くなっていた」「口唇(唇) が青白かった」も間違いではありませんが,「見られた」と表現することにより客観的な事実の記録になります	⑫　胴	・体幹部(胴) 【例】 ・居室のベッドでおむつ交換時, 体幹部に触れると熱感があったため検温した 【注意】 体幹部(胴)とは「胸, 腹, 腰, 背中」をいいます
⑨口の中	・口腔(口の中)　・舌 ・前歯　・奥歯　・義歯(入れ歯) 【例】 ・上顎右側 ・　　左側 ・　　中央 ・下顎右側 ・　　左側 ・　　中央 ・上顎前歯(上前歯) ・下顎前歯(下前歯) ・右上奥歯(左上奥歯) ・右下奥歯(左下奥歯) ・本人から「上前歯が痛い」と訴えがあった ・本人から「右上奥歯が痛い」と訴えがあった	⑬　肩	・肩 【例】 ・右肩(左肩) ・本人から「右肩が痛い」と訴えがあった ・本人から「右肩が上がらない」と訴えがあった ・本人から「左肩が動かない」と訴えがあった
		⑭胸部	・胸部(胸)　・乳房 【例】 ・右胸部(左胸部) ・胸部右側(胸部左側) ・胸部中央
		⑮脇の下	・腋窩(脇の下) 【例】 ・右腋窩(左腋窩)
⑩　顎	・顎・顎下(顎の下) 【例】 ・食堂でテーブルに顔を伏せていた。声をかけながら顔を起こすと, 口, 顎の周りにそれぞれ少量の血液が付いていた	⑯背中	・背部(背中) 【例】 ・右背部(左背部) ・背部右側(背部左側) ・背中全体 ・背中中央 ・左肩から背中全体に赤い爛れが見られた ・右肩から背中中央にかけて赤い爛れが見られた
⑪　首	・頸部(首)　・喉 ・後頸部(項)　・側頸部 【例】 ・右側頸部(首の右側部分) ・左側頸部(首の左側部分) ・本人から「首が痛くて回らない」と訴えがあった 【注意】 「頸部(首)」という表現を用いる際, 具体的に「後頸部(項)」または「側頸部」などと明確にわかる場合は, これらの表現を用います	⑰腹部	・腹部(腹) ・臍周囲(へその周り) ・心窩部(みぞおち)　・下腹部 ・脇腹

1章　介護記録とは

2章　記録のルール

3章　記録の書き方の基本と手順

4章　業務日誌・ケース記録の書き方

5章　生活場面別・状況別の記録の書き方

6章　認知症の症状に対する記録の書き方と対応のしかた

7章　ヒヤリハット・事故報告書の書き方

8章　より良い介護記録にするために

区分	部位の名称	区分	部位の名称
⑰腹部	【例】 ・右腹部（左腹部） ・腹部右側（腹部左側） ・本人から「腹部が痛い」と訴えが あった ・本人から「おなかが痛い」と訴え があった	㉒　肘	・右肘外側（左肘外側） ・右肘周辺にむくみが見られた ・右肘内側に直径約3cmの赤い爛 れが見られた
		㉓前腕部	・前腕部　・前腕部内側 ・前腕部外側
⑱　腰	・腰部（腰）		【例】 ・右前腕部内側（左前腕部内側） ・右前腕部外側（左前腕部外側）
	【例】 ・右腰部（左腰部） ・腰部右側（腰部左側） ・右側の腰（左側の腰） ・左右の腰 ・腰部中央 ・本人から「右側の腰が痛い」と訴 えがあった	㉔　手	・手　・手背（手の甲） ・手掌（手のひら，掌）
			【例】 ・右手（左手） ・右手甲（左手甲） ・右手の甲（左手の甲） ・右手のひら（左手のひら） ・右手掌（左手掌） ・本人から「右手がかゆい」と訴え があった ・本人から「左手が痛い」と訴えが あった
⑲仙骨部	・仙骨部		
	【例】 ・仙骨部に直径約3cmの赤い爛れ が見られた 【注意】 仙骨は，背骨（脊柱）とつながる骨 盤の一部で逆三角形の形をして いる		【注意】 「右手」「左手」という表現を用い る際，具体的に「手背（手の甲）」ま たは「手掌（手のひら）」と明確に わかる場合は，これらの表現を用 います
⑳　尻	・殿部（尻）	㉕手首	・手首　・手首屈側　・手首伸側
	【例】 ・右殿部（左殿部） ・殿部右側（殿部左側） ・右殿部に直径約3cmの赤い腫れ が見られた ・床に尻をつけ，両膝を少し曲げて 座った状態になっていた		【例】 ・右手首（左手首） ・右手首屈側（左手首屈側） ・右手首伸側（左手首伸側） ・本人から「左手首が曲がらない」 と訴えがあった ・本人から「右手首が痛い」と訴え があった
㉑上腕部	・上腕部 ・上腕部屈側　・上腕部伸側		
	【例】 ・右上腕部屈側（左上腕部屈側） ・右上腕部伸側（左上腕部伸側）		【注意】 「手首」という表現を用いる際，具 体的に「手首屈側」または「手首伸 側」と明確にわかる場合は，これ らの表現を用います
㉒　肘	・肘　・肘内側　・肘外側	㉖手指 （手の指）	・手指（手の指） ・親指（第一指，母指） ・人さし指（第二指，示指）
	【例】 ・右肘（左肘） ・右肘周辺（左肘周辺） ・右肘内側（左肘内側）		

区分	部位の名称	区分	部位の名称
㉖手指 （手の指）	・中指（第三指） ・薬指（第四指, 環指） ・小指（第五指）	㉙大腿部 付け根	の赤い爛れが見られた
	【例】 ・右親指（右第一指） ・左小指（左第五指） ・右手親指（右手第一指） ・左手小指（左手第五指） 【注意】 　たとえば「右親指の爪がはがれて少量出血していた」と表現しますが, 「右手親指」と表現したほうがよりわかりやすくなります	㉚　膝	・膝　・膝前面（しつぜんめん） ・膝後面（膝窩部〈膝の裏側にあるくぼみ〉）（しっこうめん　しっかぶ　ひざ） 【例】 ・右膝（左膝） ・右膝周辺（左膝周辺） ・右膝周辺に赤い腫れが見られた 【注意】 「膝後面」の代わりに「膝背面」を用いることもできます
㉗腕・手	・腕　・手　・上肢（じょうし）	㉛下腿部	・下腿部（かたいぶ）　・下腿部内側 ・下腿部外側　・下腿部前面 ・下腿部後面（ふくらはぎ）
	【例】 ・右上肢（左上肢） ・右上肢全体にむくみが見られた 【注意】 「上肢」と表現した場合は「上腕部」「前腕部」の両方をいい, かつ「上腕部」の屈側と伸側, 「前腕部」の内側と外側のすべてをいいます。さらに手, 手首, 手指（手の指）も含みます		【例】 ・右下腿部内側（左下腿部内側） ・右下腿部前面（左下腿部前面） ・右下腿部前面にむくみが見られた 【注意】 「下腿部後面」の代わりに「下腿部背面」を用いることもできます
㉘大腿部	・大腿部（だいたいぶ） ・大腿部内側　・大腿部外側 ・大腿部前面　・大腿部後面 （または大腿部屈側・大腿部伸側）	㉜足首	・足首　・足首内側　・足首外側 ・足首前面　・踵（かかと）（しょう） ・アキレス腱　・踝（くるぶし）
	【例】 ・右大腿部内側（左大腿部内側） ・右大腿部前面（左大腿部前面） ・右大腿部内側に直径約2cmの赤い爛れが見られた 【注意】 「大腿部後面」の代わりに「大腿部背面」を用いることもできます		【例】 ・右足首（左足首） ・右足首内側（左足首内側） ・本人から「右足首が痛い」と訴えがあった ・左足首周辺にむくみが見られた ・右足首周辺に赤い爛れが見られた
㉙大腿部 付け根	・大腿部付け根　・鼠径部（そけいぶ）	㉝　足	・足　・下肢
	【例】 ・左大腿部の付け根に直径約3mm〜1cmの水ぶくれが数個見られた ・腹部と左大腿部の付け根の2か所に, それぞれ直径約2〜3cm		【例】 ・右足（左足） ・右下肢（左下肢） ・右足を引きずりながら歩いていた ・左下肢全体にむくみが見られた

1章　介護記録とは

2章　記録のルール

3章　記録の書き方の基本と手順

4章　業務日誌・ケース記録の書き方

5章　生活場面別・状況別の記録の書き方

6章　認知症を理解した記録の書き方とは？

7章　ヒヤリハット・事故報告書の書き方

8章　より良い介護記録にするために

区分	部位の名称	区分	部位の名称
㉝　足	【注意】 「足」や「下肢」と表現した場合は「大腿部」「下腿部」の両方をいい，かつ「大腿部」と「下腿部」の外側，内側，前面，後面のすべてをいいます。さらに足首，足趾（足の指），足背（足の甲），足底（足の裏）も含みます	㊱足底	・足底（足の裏） 【例】 ・右足底（左足底） ・右足裏（左足裏） ・右足の裏（左足の裏）
㉞足趾 （足の指）	・足趾（足の指） ・第一趾（母趾〈母指〉）　・第二趾 ・第三趾　・第四趾　・第五趾 ・左足第一趾　・右足第五趾 【例】 ・右第一趾（左第一趾） ・右第五趾（左第五趾） 【注意】 　たとえば「右第五趾の爪がはがれて，極少量の血がにじんでいた」と表現しますが，「右足第五趾」と表現したほうがよりわかりやすくなります ・右足第一趾（左足第一趾） ・右足第五趾（左足第五趾）	㊲陰部	・陰部　・陰茎　・陰嚢 【注意】 　女性の場合は「陰部」と表現します。男性については「陰茎」と「陰嚢」の使い分けをしますが，両方を含めて表現する場合は「陰部」を用います 【例】 〈男女共通〉 ・陰部を洗浄した ・陰部を清拭した ・本人から「陰部がかゆい」と訴えがあった 〈男性の例〉 ・陰茎に直径約5mmの赤い爛れが見られた ・陰茎全体に赤い腫れが見られた ・陰嚢に直径約5mmの赤い爛れが見られた ・陰嚢全体に赤い腫れが見られた 〈女性の例〉 ・陰部に直径約5mmの赤い爛れが見られた
㉟足背	足背（足の甲） 【例】 ・右足背（左足背） ・右足甲（左足甲） ・右足の甲（左足の甲）		

① 頭
② 額
③ 顔
④ 眼
⑤ 頬
⑥ 耳
⑦ 鼻
⑧ 口
⑨ 口の中
⑩ 顎
⑪ 首
⑬ 肩
⑭ 胸部
⑮ 腋の下
みぞおち(心窩部)
㉑ 上腕部
⑫ 胴
⑰ 腹部
臍周囲(へその周り)
㉓ 前腕部
㉗ 腕・手
下腹部
㉕ 手首
㉔ 手
㉙ 大腿部付け根
㊲ 陰部
㉘ 大腿部
㉖ 手指(手の指)
㉝ 足
㉚ 膝
㉛ 下腿部
㉜ 足首
㉟ 足背
㉞ 足趾(足の指)

⑯ 背中
㉒ 肘
⑱ 腰
⑳ 尻
⑲ 仙骨部
㊱ 足底

p.202〜206を参照

1章 介護記録とは
2章 記録のルール
3章 記録の書き方の基本と手順
4章 業務日誌・ケース記録の書き方
5章 生活場面別・状況別の記録の書き方
6章 利用者の病状に関する記録の書き方と留意点
7章 ヒヤリハット・事故報告書の書き方
8章 より良い介護記録にするために

索引 Index

英数字

5W1H ……… 27, 193, 198
ADL ……… 81, 107
BPSD ……… 150

あ

仰向け … 24, 86, 119, 123, 127
あざ ……… 82, 128
アセスメント ……… 33

い

医学的判断 ……… 45, 196
移乗 ……… 76, 189
異常なし ……… 44
異食 ……… 162, 164
いびき ……… 142
医療的ケア ……… 111
医療的判断 ……… 45
胃ろう ……… 113
印象 ……… 42

う

うつ伏せ … 119, 120, 121, 127

え

栄養剤 ……… 113
嚥下 ……… 93

お

おむつ ……… 85, 98

か

介護記録シート
……… 27, 28, 192, 194, 195
介護記録チェック表 ……… 192
介護日誌 ……… 64

介護への抵抗 ……… 154
介護保険制度 ……… 196
改ざん ……… 18, 20, 22, 27
疥癬 ……… 134, 136
過去形 ……… 8, 9
皮むけ ……… 133
観察の種類 ……… 146

き

記憶 ……… 2
記憶障害 ……… 174
気管カニューレ ……… 111
傷 ……… 128, 129
帰宅願望 ……… 157, 197
気づき ……… 72
吸引 ……… 111
仰臥位 … 86, 124, 126, 127
業務日誌 ……… 64
共有化 ……… 3
きり傷 ……… 130
記録 ……… 2
記録者 ……… 26
記録の目的 ……… 3

く

空欄 ……… 22
薬 ……… 144
車椅子 ……… 76, 126

け

ケア ……… 72
ケアプラン ……… 4, 31

ケアプラン作成のプロセス
……… 33
経過観察 ……… 147
経過記録 ……… 72
経管栄養 ……… 113
敬語 ……… 10
敬称 ……… 10
敬体 ……… 8
経鼻経管栄養 ……… 113
ケース記録 ……… 72
原因 ……… 25
幻覚 ……… 165
現在形 ……… 9
幻視 ……… 165
倦怠感 ……… 109
幻聴 ……… 165
見当識障害 ……… 175

こ

口腔 ……… 90
攻撃的な言動 ……… 152, 153
行動・心理症状 ……… 150
紅斑 ……… 136
誤記 ……… 18
心や体の変化 ……… 49
誤字 ……… 18
個人情報 ……… 36
こぶ ……… 128
コミュニケーション ……… 4
コロン ……… 12
根拠 ……… 25

コンプライアンス	34	受診報告書	86	切創	130

さ

サービス担当者会議	33	腫脹	128	全身観察	147
再現	24	遵守	34	洗髪	83
挫傷	132	証拠書類	3	喘鳴	106
擦過傷	129	常体	8	専門用語	15

し

使役	146	状態	40, 50		
使役表現	146	状態観察	147		
しぐさ	37	状態などの観察の記録		**そ**	
時系列	12, 25, 72, 200		50, 51, 58	咀嚼	93
事故記録	186	食事	69, 74, 90, 177	損傷	132
時刻	12	褥瘡	135	**た**	
事故原因	186	尻もち	119, 126		
事故の種類	188	身体	202	ターミナルケア	116
事故発生状況	186	蕁麻疹	135	対応内容	25
事故報告書	186			体調不良	109
刺傷	130	**す**		爛れ	129
刺創	130	推察	40, 77, 78	脱水症	93
失禁	167	推測	40, 50	打撲傷	132
失行	177, 178	水分摂取量	92	痰	111
湿疹	135	水分チェック表	93	痰の吸引	111
失認	179, 180	水疱	135	**ち**	
紫斑	136	睡眠障害	171	着衣	178
社会的責任	3	睡眠の様子	70, 142	中核症状	150
終結	48	ずり落ちた	119, 188	昼夜逆転	169
収集癖	170	すり傷	129, 130	腸ろう	113
羞恥心	98	**せ**		**つ**	
主観	58, 61	生活記録	72	追記	20
主観的表現	60	整合性	86	**て**	
		性的言動	163, 164	訂正	18
		責任	26, 28	手ぶり	37
		摂取量	90, 92	転倒	79, 80, 119, 125
				転倒場面	125

転落 ································ 80, 119

と

トイレ ································ 98
動作 ································ 37
投薬 ································ 144
特変なし ································ 44

な

内出血 ································ 131, 136
内服 ································ 144

に

日常生活動作 ··········· 81, 107
日・夜勤日誌 ················ 64
日中 ································ 13
日中の様子 ··· 75, 77, 78, 103
入所 ································ 81
入浴 ·········· 69, 74, 83, 95
入浴チェック表 ················ 96
入浴場面 ························ 95
尿 ································ 140
尿失禁 ································ 167
尿の表現例 ················ 140
認知症 ································ 150

ね

寝息 ································ 142
熱傷 ································ 131

は

徘徊 ································ 159
排泄 ································ 98
排泄チェック表 ················ 102
ハインリッヒの法則 ········ 184

白癬 ································ 136
発信源 ································ 25
発熱 ································ 48, 71
歯ブラシ ························ 180
腫れ ································ 51, 128

ひ

筆記 ································ 27
日付 ································ 12
皮膚 ································ 133, 134
ヒヤリハット ················ 184
ヒヤリハット報告書 ········ 184
表情 ································ 37
表皮剥離 ························ 133
びらん ································ 136
昼寝 ································ 169

ふ

部位の名称 ················ 202
不穏 ································ 153
不快感 ································ 109
腹臥位 ·········· 121, 126, 127
服薬 ································ 144
服用 ································ 144
不潔行為 ················ 161, 164
浮腫 ································ 128
プライバシー ····· 95, 98, 155
文体 ································ 8

へ

便 ································ 137
便座 ································ 179
便の表現例 ················ 137

ほ

方言 ································ 36
暴言 ································ 152
放尿 ································ 168
暴力 ································ 152
法令 ································ 34
ポータブルトイレ ········ 98
発疹 ································ 135
発赤 ································ 129
本人 ································ 55, 61

み

水ぶくれ ················ 71, 135
身ぶり ································ 37

む

むくみ ································ 128

も

申し送り事項 ················ 64
妄想 ································ 166
モニタリング ········ 4, 32, 33
問題なし ························ 44

や

夜間 ································ 13
夜間巡回 ························ 105
夜間せん妄 ················ 172

よ

様子観察 ························ 147
与薬 ································ 144

り

理解・判断力 ················ 176
略語 ································ 16

利用者の訴え ……………… 35

れ

レクリエーション ………… 107

裂傷 ……………………… 130